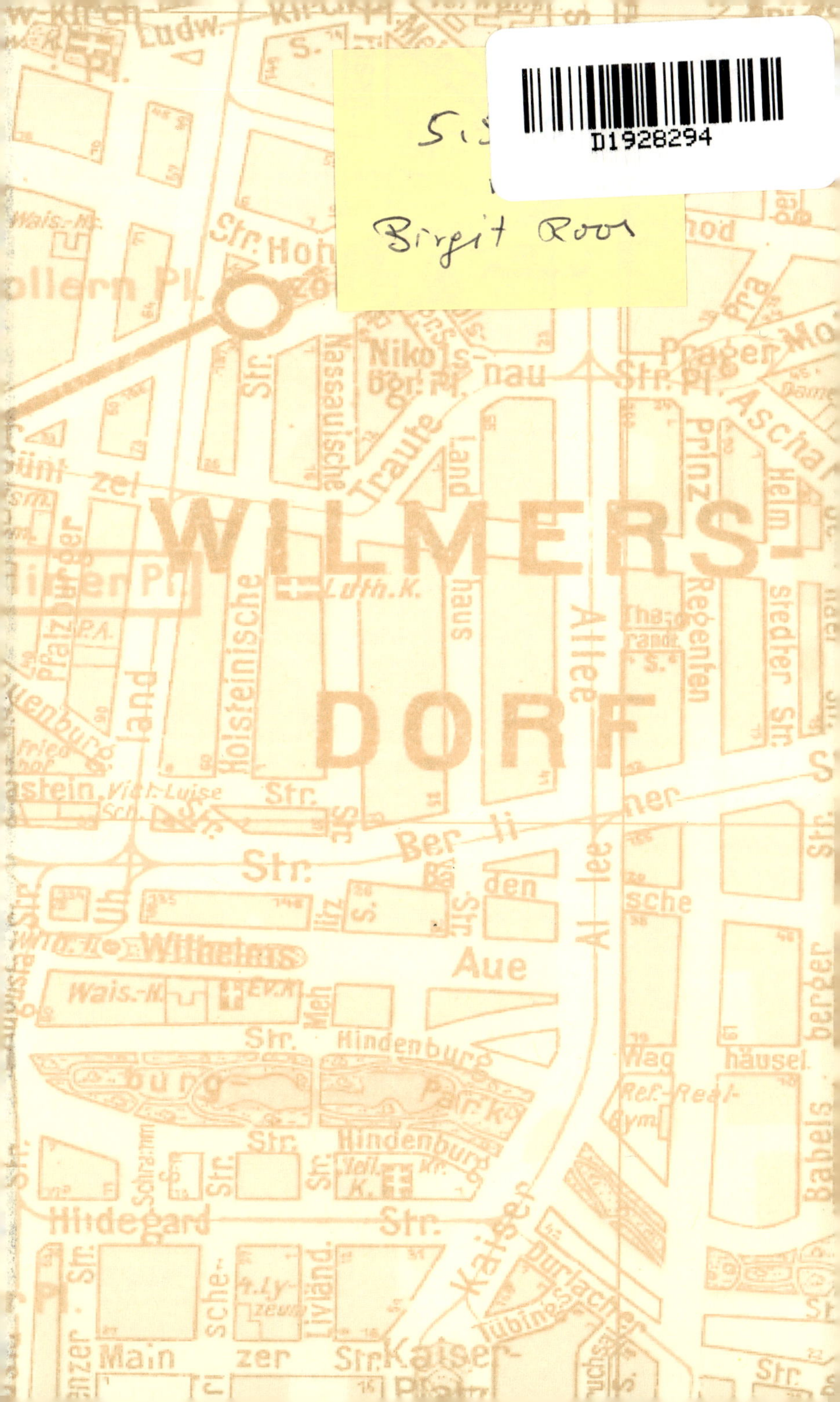
WILMERS-
DORF
Nassauische
Holsteinische
Traute
Prinz
Regenten
Allee
Prager Pl.
Str.
Luth.K.
Wilhelms
Aue
Hindenburg
Park
Hildegard
Kaiser
Durlacher
Mainzer
Babels
Wais.-H.
Ev.K.
Ref.-Real-Gym.

GÜNTER LAMPRECHT

Und wehmütig bin ich immer noch

Günter Lamprecht

Und wehmütig bin ich immer noch

Eine Jugend in Berlin

Kiepenheuer & Witsch

Redaktion
Marianne Bäumler

2. Auflage 2000

Umschlaggestaltung: Rudolf Linn, Köln
Umschlagfoto Hintergrund: Archiv Günter Lamprecht
Umschlagfoto Vordergrund: Michael Haring, Berlin
Gesetzt aus der Walbaum Standard (Berthold)
bei Kalle Giese, Overath
Druck und Bindearbeiten:
GGP Media, Pößneck
ISBN 3-462-02928-2

Für meine Mutter Maria Chiepluch

In meiner Geburtsurkunde steht, daß »der Knabe am 21.1.1930 um fünfzehn Minuten nach fünf Uhr nachmittags in Berlin-Wilmersdorf das Licht der Welt erblickte«.

Das war so ein kleines Ereignis – neben den vielen großen der auslaufenden »Zwanziger«, die Berlin in Atem hielten. Die »Dreißiger« warfen ihre braunen Schatten schon beängstigend voraus, die Arbeitslosigkeit trieb die Arbeiterklasse immer weiter ins soziale Elend. Das war die Klasse, in die ich hineingeboren wurde.

Daß man sich da über die Ankunft des Knaben gefreut hat, kann ich mir schlecht vorstellen, denn es hatte auch verzweifelte Anstrengungen gegeben, diese Ankunft zu verhindern, wie ich viel später erfahren habe. Also ich paßte nicht so richtig in das familiäre Konzept; wenn da überhaupt eins bestanden hat.

Seit 1925 gab es schon meine Schwester Ursula, die ordentlich am spärlichen Einkommen der Eltern mitfutterte.

Wilhelm, der mein Vater war und der in diesem Buch noch einige Seiten beanspruchen wird, ich nenne ihn einfach Willi, hatte seinen Bruder Karl schon im Ersten Weltkrieg Vierzehn/Achtzehn verloren. Beim Reinigen des Gewehrs in der Kaserne löste sich ein Schuß und traf ihn tödlich in den Kopf. Die Todesnachricht war von Willis Vater, meinem Großvater, nur mit einem Satz zur Kenntnis genommen worden: »Na ja, ein Fresser weniger.«

Ob Willi vielleicht 1930 im Januar gedacht hatte: »Ein Fresser mehr«? Ich kann mir denken, daß mein erster Schrei nach Nahrung nicht gerne gehört war.

Die Familie Lamprecht – das sind Willi, meine Mutter Maria, Ursula und jetzt noch Günter – lebte in einer Hinterhofwohnung in der Berliner Straße in Wilmersdorf. Maria war dort die Portiersfrau. Der Blickwinkel aus meinem Körbchen als Baby dürfte nicht sehr groß gewesen sein. Es war von Anfang an ziemlich duster dahinten auf dem Hof, in meiner kleinen Welt, und viele Dinge waren sehr weit weg. Ob Pluto auch was damit zu tun hat? Die Astronomen haben diesen Planeten am Tag meiner Geburt entdeckt.

Unsere Wohnung war Teil von Marias Arbeitsbereich und durch die Lage im Hinterhof Parterre der Öffentlichkeit preisgegeben.

Zu ebener Erde gab es kein Verstecken vor unliebsamen Besuchern. Das waren manchmal Willis Gläubiger oder die Bewohner des Hauses Nr.118, die zu jeder Tages- und Nachtzeit mit ihren Problemen und oft überflüssigen Forderungen das Familienleben der Portiersleute zerklingelten und zerklopften.

Etwa hundert Meter weiter – wenn man aus dem Haus Nr. 118 rauskam und nach rechts die Berliner Straße runterlief, kurz vor der Ecke Blissestraße war Willis Arbeitsplatz , der Taxistand, und ein Stückchen weiter die Stammkneipe – beides gehörte in Willis

Leben immer zusammen. Dann war da noch kurz vor der Ecke das feine Café Bold, an das ich mich noch schwach erinnern kann. Wenn man die Brandenburgische vom Fehrbelliner Platz südlich geht, war Willis Stammkneipe nach fünfzig Metern auf der rechten Seite, das Sturmlokal der SA. Auf der Straßenseite gegenüber lag der große Schrottplatz von Willi Riem, »Alteisen und Altpapier«. Dort arbeitete Willis Freund und Kamerad, Alwin, der später Marias Schwester Amalie heiratete und so zu meinem Onkel wurde. Dann wieder fünfzig Meter weiter die Mündung der Gieseler Straße in die Brandenburgische, mit Schwester Ursulas Volksschule an der Ecke, Ende der Brandenburgischen, jetzt rüber über die Berliner an Willis Taxistand und Café Bold vorbei in die Blissestraße, dann rechts in die Wilhelmsaue, dort liegt das Fenn, eine schön gepflegte Parkanlage mit dem kleinen See, umstanden von riesigen Weiden. Hier wurde ich von Ursula im Kinderwagen spazierengefahren. Erste Gehversuche auf der Wiese und das Füttern der quakenden Enten.

Über die Barstraße kommt man dann wieder in die Berliner rechts rein, und wir waren zu Hause. In diesem Viertel wurde ich, da ich ja nun schon mal da war, bis 1934 gehegt und gepflegt. Was sich in diesen ersten Jahren im Leben der Familie Lamprecht ereignete, war voller Unruhe, geprägt und bestimmt durch Hitlers und Willis »Kampfzeit«. Meine Mutter erlebte eine zunehmende Verrohung ihres Willi mit Spuren am eigenen Leibe. Ich überlebte mit Hilfe eines jüdischen Arztes, Dr.Konti, eine schwere Lungenentzündung und alle schweren Kinderkrankheiten.

Willi zeigte sich sehr beeindruckt von den Fähigkeiten dieses Mannes und sagte auch später noch: »Na ja, gekonnt haben die ja schon was.«

IM SOMMER 1934 STARB Oma Auguste, Marias Mutter, in Ogrotgen bei Skomatzko.

So eine Reise da rauf nach Masuren war immer eine sehr anstrengende Geschichte, die manchmal bis zu vierundzwanzig Stunden dauern konnte. Mal über Küstrin, Dirschau, Posen, mal über Korschen, vor dem Krieg jedoch immer durch den polnischen Korridor. Das fand ich besonders aufregend, denn da mußten die Vorhänge in allen Abteilen zugezogen werden. In Lyck oder Lötzen wurden wir von der Verwandtschaft abgeholt, natürlich mit dem Pferdewagen. Ich, der Junge aus Berlin, war nach der langen Reise oft sehr müde, aber wenn Opa mir für einen Moment die Zügel in die Hände gab, waren alle Strapazen der Reise vergessen.

Meine Mutter Maria kam aus einer bäuerlichen Familie mit umfangreicher Verwandtschaft. Ich hatte als Kind immer das Gefühl, in Masuren hundert Onkels und Tanten zu haben, alles handfeste Land- und Waldarbeiter oder die sogenannten »Ins«-Leute, Besoldete der Gutsbesitzer. Fast bis zum Ende des Krieges fuhren wir regelmäßig in Mutters Heimat Ostpreußen in die Ferien. Dort war meine Kindheit wunderbar aufgehoben.

Der Tag der Beerdigung in Ogrotgen muß mich stark beeindruckt haben. Der Friedhof liegt wie die meisten Friedhöfe in Masuren so fünfzehn Minuten zu Fuß auf einer kleinen Anhöhe oberhalb des Dorfs, eingefaßt von Tannenbäumen, bepflanzt mit kleinen Birken, umgeben von einem meisterlich gearbeiteten Holzzaun. Vier Jahre später, das muß 1938 gewesen sein, fand ich das Grab zum Erstaunen meiner Mutter ganz alleine wieder.

Dieser Tag, diese Beerdigung: Eine glühende Mittagssonne begleitete den Trauerzug den kleinen Hügel hinauf. Der Sommer roch richtig nach Sommer auf dem Lande. Außer dem Ächzen der Sargträger, dem Hüsteln der alten Leute, den trippelnden Schritten der wackelnden Trauergemeinde war nichts anderes zu hören als der masurische Sommer; es war eine Stille besonderer Art. Der kleine Berliner Günter stapfte tapfer an Marias Hand dem Sarg hinterher. Das Dorf hielt für eine Stunde mit der Erntearbeit inne, bis der einfache Sarg mit Auguste Chiepluch in der Erde verschwunden war. Der Junge spürte schon sehr genau, daß der Tod etwas Besonderes war.

Bei einem dieser Besuche in Ogrotgen, noch vor dem Tod der Oma Auguste, war da Schreckliches mit mir passiert. Das alte Bauernhaus, das die Chiepluchs bewohnten, lag sehr dicht an einem der vielen Seen dieser Gegend. Ein Weg führte vom Haus direkt zum See hinunter, vielleicht fünfzehn Meter bis zum Steg, der ein gutes Stück in den See hineinragte, rechts und links war das Ufer mit Schilf bewachsen. Mit Eimern wurde das Wasser aus dem See geschafft und im Haushalt für alles mögliche verwendet. Ein sehr klares Wasser, bei Sonnenschein konnte man die vielen Fischarten bewundern, die von dem Steg aus gut zu erkennen waren. Da standen dann die Hechte gegen die Strömung ausgerichtet und warteten auf ihre Opfer. Der kleine See wurde durch einen Fluß geteilt. Vom Steg aus sah man deutlich den Verlauf der Strömung. Gänse und Enten tummelten sich zu beiden Seiten des Weges auf den Wiesen mit den schönen Obstbäumen. Da kam es schon mal vor, daß einer auf den vielen glibberigen Entenschissen ausrutschte und auf dem Hintern landete. Unten auf dem Steg war mein Lieblingsplatz. Immer wieder zog es mich an den See, um die Fische zu beobachten und später auch zu fangen.

Es soll ein Sonntagnachmittag im Spätsommer gewesen sein. Ein großer Teil der Familie hatte sich zum Erzählen im Wohnzimmer versammelt. Riesige Platten mit Streuselkuchen standen auf dem Tisch. Aus großen emaillierten Kaffeekannen verbreitete sich der Duft von Gerstenkaffee, und da es keinen Strom gab, wurde ein Grammophon mit großem Trichter aufgezogen und eine Schellackplatte abgespielt. Mir gefiel der Aufdruck der Platten: Ein Hühnerhund saß horchend vor einem großen Trichter und hörte die Stimme seines Herrn. Es waren Schlager der Zwanziger, die man leicht mitsingen konnte. Die Gemütlichkeit war rundum zu spüren, und Maria mußte viel erzählen aus dem großen fernen Berlin.

Natürlich hatte sie auch viele Geschenke mitgebracht: Zwei neue Schallplatten für den Vater, hübsche bunte Schürzen für die Schwester und die Cousinen. Sie schwärmte von den Verkehrsverbindungen der Metropole, S- und U-Bahnen, doppelstöckige Autobusse, den vielen schönen Parkanlagen, den Fahrten mit der Elektrischen an den glitzernden Modegeschäften vorbei auf dem Tauentzien und auf dem Kurfürstendamm. Das Berliner Tempo hatte sie schon erfaßt, ihre Sätze überschlugen sich. Bei dieser Geschwindigkeit gab sie den Zuhörern auch keine Gelegenheit, Fragen zu stellen – zum Beispiel, wie es denn so zu Hause zugeht mit Willi, der kam nämlich in ihren Erzählungen so gut wie gar nicht vor.

An diesem Sonntagnachmittag hat es mich wieder einmal auf den Steg gezogen. Mit einem großen Stück Streuselkuchen auf der Hand und im Mund verlor ich das Gleichgewicht und plumpste zu den Hechten und Plötzen. Schwester Ursula hatte noch kurze Rettungsversuche gemacht, gab es aber auf, als ich langsam ins Schilf abtrieb. Ursula hatte mich für einen Moment unbeobachtet gelassen, und die Angst vor dem allmächtigen Großvater Chiepluch ließ sie nun lange zögern, meinen Absturz der vergnügten Gesellschaft zu melden.

Wieviel Zeit vergangen war, bis mich Opa aus dem Wasser fischte, ist nicht mehr bekannt. Jedenfalls, als der große, kräftige Mann mit dem triefenden Bündel auf den Armen ins Haus kam, war schon viel zu viel Zeit vergangen, und er drohte, alle Anwesenden zu erschlagen, sollte es nicht gelingen, mich wieder zum Leben zu erwecken.

Dieses Ogrotgen war wirklich sehr abgelegen. Um ärztliche Hilfe zu bekommen, mußte man einige Stunden fahren, sei's mit dem Pferdewagen oder per Fahrrad. Die einfachen Leute da auf dem Land hatten so im Lauf ihres Lebens gelernt, sich selber zu helfen. Was den Tieren guttat, konnte man auch auf die Menschen anwenden. Es begannen endlose Stunden der Wiederbelebung des kleinen Berliners. Auf dem großen Tisch in der Stube lag ich da, umgeben von jammernden Tanten und Dorfweibern. Es wurden einige Liter Brennspiritus aufgebraucht, um den kleinen Körper damit einzureiben.

Der Abend war längst angebrochen, und bei Kerzenlicht und dem Schein von Petroleumlampen spielte sich ein Ritual ab: das Im-Kreis-Herumgehen der jammernden und betenden Frauen. Im Türrahmen stand der alte Chiepluch, seine Augen drohend zu Schlitzen zusammengezogen. »Wenn dem Jungen was passiert, schlag ich hier alles zusammen.« Ob mein Herz noch schlug, war wohl schwer auszumachen, aber der Streuselkuchen im Mund hatte das Schlukken des Wassers verhindert. Als der neue Tag schon angebrochen war, gab ich den ersten Laut von mir: »Mutti, mach Musik, ich will tanzen.« Der Berliner Junge war gerettet, und die Platte spielte: »Ich wollt, ich wär ein Huhn«. Opa Chiepluch genehmigte sich ein Quartierchen, das war ein Viertel Liter Korn aus der Brennerei in Lötzen.

An diesen erlebnisreichen Reisen zum »Ursprungsland« nahm Vater Willi nie teil, überhaupt fanden die wenigen Unternehmungen der Familie ohne ihn statt. Er selbst hatte als Kind nie ein schönes Familienleben erfahren. Sein prügelnder und geiziger Vater, Stationsvorsteher bei der Reichsbahn, regelte alles mit dem Rohrstock. Seine Ida war Zugehfrau gewesen und war an der Schwindsucht gestorben, als Willi noch ein Kind war. Dieser einzige Mensch, der ihn wahrscheinlich etwas Liebe und Zärtlichkeit erfahren ließ, verreckte elendig in einem der Armenkrankenhäuser Berlins. Der kleine Willi bekam bei den Putzstellen seiner Mutter immer mal eine dicke Stulle aus dem Fenster zugeworfen, ganz einfach Mundraub. Die Herrschaften, wo meine Großmutter Ida schuftete, besaßen alles im Überfluß.

Eine andere Beschäftigung des kleinen Willi war es, sich an den vielen Kasernen – dort, wo des Kaisers Kanonenfutter untergebracht war – rumzutreiben und mit Sprüchen wie: »Lieber Herr vom Militär, schmeiß mir mal nen Kanten her« zu betteln. Mit Vierzehn wurde der Junge zu einem prügelnden Onkel in die Provinz geschickt, denn der neuen Frau war der Bastard nur im Weg.

Als ausgelernter Hufschmied meldete sich Willi 1918 zum Militär und wurde ein sogenannter Zwölfender, also Berufssoldat. Dann war er ein »tapferer« Freicorpsmann und fing, ohne es zu ahnen, langsam an, das »Dritte Reich« mit aufzubauen.

Anfang der Zwanziger verließ Mutter Maria ihre Heimat Masuren. Nach Berlin ging sie, um sich ein eigenes Leben aufzubauen. Der Gutsherr, für den sie als

Haushälterin arbeiten mußte, sah das nicht so gerne, denn er verlor nicht nur eine erstklassige Arbeitskraft, sondern auch eine Gespielin, deren Defloration ihm nach unausgesprochenem Recht immer noch zugestanden wurde, und dieses Recht ließ er sich auch nicht nehmen. Selbst der starke Vater Chiepluch mußte sich diesen »Rechten« unterordnen, die Spielregeln der Mächtigen hinzunehmen, fiel ihm bestimmt sehr schwer.

Die »Deutsche Arbeitsfront«, die Gewerkschaft der Nazis, hatte in der Alte-Jakob-Straße, neben dem Patentamt in der Gitschiner Straße, einen modernen Bau bezogen. Willi und Maria übernahmen darin die Hausmeisterstelle, allerdings nur für kurze Zeit. Es gefiel mir dort sehr gut, denn immer, wenn das Gebäude am späten Nachmittag zur Ruhe gekommen war, tollte ich durch das ganze Haus, begleitete Mutti bei der Arbeit, beim Putzen der langen Korridore, der Büros und der Treppen.

Vom großen Sitzungssaal aus konnte ich die Hochbahnzüge beobachten, wie sie in regelmäßigen Abständen zwischen dem Halleschen Tor und der Prinzenstraße da draußen vorbeidonnerten. Ich staunte und staunte, und neugierig saugte ich alles Gesehene auf. Aufregend war das da unten auf der Straße: die vielen Autos, das Gewimmel, das Getute, das Gequietsche. Als kleener Steppke der Portiersleute war ich ziemlich beliebt, wurde reichlich beschenkt, und bald hatte ich einen ganzen Fuhrpark im Kinderzimmer versammelt.

Warum meine Eltern diese Anstellung so schnell wieder verloren, kann ich mir heute denken: Willis Sturm- und Drangzeit stand in Blüte.

1935 zogen wir um in eine größere Wohnung am Michaelkirchplatz 9, zweite Etage. Nach hinten zum Hof lagen unser Kinderzimmer und die Küche. Nach vorn hatten wir zwei Zimmer mit Blick auf den Platz. Die katholische Michaelkirche war von wunderbaren Linden und Rotdornbäumen umgeben.

Diese schöne Wohnung konnten sich die beiden jetzt leisten, denn Willi hatte inzwischen eine feste Anstellung als Chauffeur bei der NSDAP, Maria ging für ein Gebäudereinigungsunternehmen putzen.

Den Michaelkirchplatz hatte ich bald in mein Herz geschlossen. Er lag in einer friedlichen Gegend, genau auf der Grenze von »Mitte« zum Bezirk Kreuzberg. Viele kleine und mittlere Handwerksbetriebe gab es hier, die meist auf den Hinterhöfen ihre Werkstätten hatten.

Vom Schlafzimmerfenster aus guckte ich am liebsten auf den Platz runter, beobachtete das Treiben der Leute, die Pferdefuhrwerke, die Automobile, die unten am Haus vorbeifuhren, und die Hundehalter, die ihre Köter an die gußeiserne Pumpe zum Saufen führten.

In den warmen Monaten standen an der Ecke Melchiorstraße ein klappriger Obstwagen und ein Eisverkäufer, die laut ihre Waren feilboten.

Die Fronleichnamsprozession zog für eine Stunde ihre Kreise um die Kirche. Ich war beeindruckt von dem Gebimmel, den qualmenden Weihrauchfäßchen, dem inbrünstigen Gesang der Gläubigen, der bunten Ausstattung und frommen Verkleidung der Geistlichen. Mein Vater, in seiner Feiertagsruhe gestört, sagte beim Blick aus dem Fenster: »Lange werden die det nich mehr machen, det Theater hört och bald uff.« Und so kam es: In den kommenden Jahren wurden die Feierlichkeiten nach innen verlegt. Schade, mir hatte das »Theater« gut gefallen.

Wie sehr habe ich mich schon als kleiner Junge immer wieder bemüht, über das brutale Verhalten meines Alten gegenüber meiner Mutter hinwegzusehen. Ich wollte nicht wahrhaben, was bei uns zu Hause alles passierte, es gelang mir einfach nicht, anderen Leuten den glücklichen Jungen des SA-Mannes Willi Lampe – so wurde er von seinen Kameraden genannt – vorzuspielen. Manchmal ging es ja für Momente, aber schnell überkam mich ein Schamgefühl, und ich versank wieder in meine Traurigkeit. Ich wollte das Erlebte mit aller Gewalt vergessen, aber die nächtlichen Ereignisse waren zu stark, die blieben haften.

Warum Willi die Mutti immer wieder »polnische Mistsau« nannte, konnte ich nicht verstehen, und warum er sie auch noch schlug, wollte nicht in meinen kleinen Kopf. Immer wieder, wenn er nachts besoffen von seinen SA-Einsätzen nach Hause kam, brachte er die Brutalität der »Sturmabteilungen« auch in die Wohnung zu Frau und Kindern.

Es wird 1935 im Frühjahr gewesen sein, als die beiden SA-Männer Willi und Alwin eines Nachts wieder mal alkoholisiert von ihren Streifzügen durch die Stadt bei uns zu Hause landeten, selbstverständlich in brauner Uniform, mit allem Drum und Dran. Laut fläzten sich die beiden Helden in unserer Küche herum, und das Spiel »Polnische Mistsau« begann von neuem. Sie spielten sich als Herrenmenschen auf, wollten sich von Maria bedienen lassen. Müde und abgearbeitet wurde meine Mutter aus dem Bett geholt und sollte ihnen zu Diensten sein.

In dieser Nacht ging es so weit, daß die »polnische Mistsau« aus dem Fenster geworfen werden sollte. Vor Angst zitternd und weinend lagen Uschi und ich in unseren Betten, akustisch bekamen wir natürlich alles mit; an Schlafen war in solchen Nächten nicht zu denken. Heute nacht aber verlagerte sich der Krach von der Küche durch das Wohnzimmer ins Elternschlafzimmer. Das widerliche Gelächter, die schlimmen Beschimpfungen der Kerle und das herzzerreißende Schreien Marias hielten uns nicht mehr im Bett, wir stießen die Tür zum Schlafzimmer auf und sahen, wie sich die beiden SA-Männer, Vater und Onkel, am offenen Fenster anstrengten, die sich mit allen Kräften wehrende Mutti aus dem Fenster zu werfen, dazu hatten sie sie rechts und links fest umklammert. Laut zählten sie die Schwünge mit, immer wieder bis drei, um dann in ein dämliches Lachen auszubrechen. Aus mir brach eine Wut heraus, und ich biß mich im Arm meines Vaters fest, bis sie zur Besinnung kamen und ihre grausame Unternehmung abbrachen. Sie verschwanden aus der Wohung und hinterließen drei zerstörte Menschenseelen.

Warum dieser Kamerad Alwin später Marias Schwester aus Masuren heiratete, mußte Gründe haben, vermutlich hatte er sie bei einem ihrer Berlinbesuche geschwängert; hinterher hagelte es »Mutterkreuze«, Alwin machte dem Führer fünf Kinder.

Ostern 1936 wurde ich in die 80. Volksschule in Berlin SO16 Köpenicker Straße eingeschult. Maria hatte mich für diesen Tag besonders hübsch angezogen, auch die nicht so billige Zuckertüte fehlte nicht. Meine Mutter legte immer sehr großen Wert darauf, daß ihre Kinder bei besonderen Anlässen wie aus dem Ei gepellt auftraten. Ich hatte mit diesen Verkleidungszeremonien allerdings so meine Schwierigkeiten.

Als später, zur Konfirmation 1944, zum Beispiel extra ein Einsegnungsanzug bei einem Schneider nach Maß für mich angefertigt wurde, fühlte ich mich entsetzlich herausgeputzt. Nach dem Einmarsch der Konfirmanden in die Bethanienkirche und der vollstreckten Segnung raste ich durch einen Hinterausgang nach Hause, zog mich sofort wieder um und verschwand in Richtung Spree zwischen Jannowitz- und Michaelbrücke, wo ich vom Ufer die Schlepper und Lastkähne beobachten konnte, denn das war meine Lieblingsbeschäftigung: dort sitzen und träumen. Am frühen Nachmittag tauchte ich dann bei der verstörten Gesellschaft wieder auf. Natürlich bekam ich von Mutti in meinem Zimmer »den Arsch voll«, mußte mich wieder in den Anzug schmeißen und für Onkels und Tanten den Bubi machen. Maria hat mein Alleingang sehr weh getan, hatte sie doch für diesen Einsegnungsanzug etliche Überstunden geleistet und wie so oft auf einiges für sich selbst verzichtet. Es tat mir später sehr leid, Maria hatte immer mein Mitgefühl, ich liebte sie und wollte ihr eigentlich immer beistehen, sie hatte es ja schon schwer genug mit Willi ...

Aber zurück ins Jahr 1936. Die Osterzeit mochte ich immer besonders gern. Mutter hatte auf den Fensterbrettern im Wohnzimmer in extra dafür gefertigten gläsernen Gefäßen Hyazinthenzwiebeln angesetzt. Wenn die dann in Blüte kamen, duftete die ganze Wohnung nach Frühling. Den Tag der Einschulung erwartete ich mit gemischten Gefühlen, abwartend und eher auf der Lauer liegend, denn ich hatte schon viel von den prügelnden Lehrern gehört; besonders meine älteren Spielkameraden auf der Straße wußten einiges darüber zu berichten. Willi und Maria prügelten sich ja schon in schöner Regelmäßigkeit zu Hause, und jetzt sollte es in der Schule so weitergehen.

Aber es kam anders. Fräulein Agath, meine Klassenlehrerin, ging sehr behutsam und liebevoll mit uns um. So wurde es doch ein guter Schulanfang für mich. Zwei Jahre später sollte sich das bis dahin harmonische Leben in der Klasse allerdings gewaltig ändern. Die Zahl der Schüler schrumpfte immer mehr zusammen; es waren die jüdischen Mitschüler, die nach und nach verschwanden, und auch Fräulein Agath gab es bald nicht mehr.

Mit Beginn des Krieges kamen immer mehr alte Lehrer aus der Versenkung; das waren die geprügelten Jungs aus dem vorigen Jahrhundert, die nun ihrerseits prügelten, was das Zeug hielt. Des Kaisers Zucht und Ordnung regierte die Klassenzimmer. Eines dieser Prachtexemplare wurde unser neuer Klassenlehrer: Herr Hackert hatte den verlorenen Krieg Vierzehn/Achtzehn noch in den Knochen, sann auf Revanche und hatte es sich zur Aufgabe gemacht, aus uns »deutsche Männer« zu produzieren.

»Hart wie Kruppstahl, zäh wie Leder und flink wie die Windhunde«, lautete jetzt die Devise. Hackerts Methoden der Bestrafung waren pervers. Für jeden Fehler, den er in einer Rechenarbeit fand, gab es eins mit dem Rohrstock. Er besaß eigens ein Schränkchen, in dem fünf Stöcke verschiedener Stärke standen. Diese Prügelinstrumente nannte er »Tröster«. Wenn er die Hefte mit den angestrichenen Fehlern zurückgab, begann für ihn der schönste Teil des Unterrichts: Süffisant las er die Namen vor, und der genannte Schüler mußte dann laut seine im Heft vermerkte Fehlerzahl verkünden.

Daraufhin öffnete der Erzieher sein Schränkchen, und man mußte auswählen, welchen »Tröster« man haben wollte. Der Betroffene mußte sich über die vordere Bank legen, und Hackert zog ihm die Hosen stramm. Dann schlug er genüßlich die kleinen Kinderärsche. Wir kamen schließlich auf die Idee, unsere Hosen mit Schreibheften auszupolstern, was natürlich schnell auffiel. Resultat war, Hose runter und auf den Nackten gehauen.

Besonders schlimm war es, wenn man die falsch gelöste Aufgabe nochmals an der Tafel vor der Klasse lösen sollte. Hackert stand mit einem »Tröster« neben dir und wollte mit kleinen kurzen Schlägen in die Kniekehlen den Rechenvorgang beschleunigen. Er liebte es auch, die »Katzenpfötchen« mit einem besonders schmalen »Tröster« zu bearbeiten. »Katzenpfötchen« – das waren die fünf Fingerkuppen – zusammengepreßt dem Hackert hingehalten. Während so einer Tortur an der Tafel pinkelte ich mich regelmäßig voll. Ich stand da in meiner Pfütze und brachte kein Wort heraus. Die Striemen auf meinem Hintern sind Marias Augen nicht verborgen geblieben. Beim wöchentlichen Baden in der Zinkwanne, die in unserer Küche aufgestellt wurde, hatte Mutti Hackerts Spuren entdeckt. Lange konnte ich nicht drum rum reden und packte aus.

Schon am nächsten Schultag sollte Hackert sein Waterloo erleben. Es muß die dritte Unterrichtsstunde gewesen sein, als sich die Klassentür öffnete und Maria den Raum betrat. Sie schloß sehr ruhig und gelassen die Tür hinter sich, ging konzentriert auf das Lehrerpult zu, fragte Hackert nach seinem Namen und rief mich nach vorne. Meine Blase fing an zu tröpfeln. Maria forderte mich auf, die Hose runterzulassen, und fragte Hackert, ob er die Striemen auf meinem Hintern sehen könne und ob er der Verursacher gewesen sei. Hackert versuchte abzulenken, forderte meine Mutter auf, den Raum zu verlassen, und fragte empört, was sie hier mitten im Unterricht zu suchen hätte. Am Ende eines Riesengeschwafels sagte er noch, die Hiebe hätte der Bengel verdient und sie solle machen, daß sie wieder rauskomme.

Ohne erkennbaren Ansatz landete Marias Handtasche einmal rechts und einmal links an dem Schädel des Herrn Hackert, mit der Bemerkung, wenn überhaupt jemand ihr Kind schlage, wäre einzig und alleine sie zuständig. Für mich war der Unterricht an diesem Tag beendet. Maria nahm mich unter ihre Fittiche, und wir gingen nach Hause. Die Sache hatte noch ein Nachspiel beim Rektor, allerdings mit dem Ergebnis, daß die Prügeleien verboten wurden.

Meine Musiklehrerin war zu meiner Freude davon überzeugt, daß ich musikalisch sehr begabt sei und daß sich Klavierunterricht lohnen würde. Das imponierte auch meiner Mutter sehr, und sie beschloß kurz und bündig, ein Klavier zu kaufen. So leicht war das dann aber doch nicht. Nur mit Überstunden und Ratenzahlungen würde sie das hinkriegen, zumal sie schon dauernd Willis diverse Kneipenschulden begleichen mußte. Maria arbeitete mittlerweile als Reinmachefrau im »Amt für Luftfahrtbedarf« am Reichpietsch-Ufer. In der ersten Schicht putzte sie von vier Uhr dreißig bis acht Uhr dreißig, dann nochmals von siebzehn Uhr bis einundzwanzig Uhr; so kam sie an manchen Tagen auf neun Arbeitsstunden, die An-und Abfahrten mit der Straßenbahn nicht dazugerechnet. Die Frau schuftete rund um die Uhr, denn die Kinder und den Haushalt mußte sie ja auch noch versorgen. Als meine Schwester Ursula später eine

Lehrstelle als Stenotypistin antrat, war ich vollends zum Schlüsselkind geworden.

Eines Tages war das Klavier da. Ich freute mich sehr, aber mir war nicht ganz wohl dabei, denn ich wußte ja von der Mühe, die Mutti aufwenden mußte, um das Instrument zu bezahlen. Mir war klar, daß ich noch mehr auf sie würde verzichten müssen und daß meine Träume von einem harmonischen Familienleben in noch weitere Ferne rutschten. Wie sehr wünschte ich mir, bei Kaffee und Kuchen einen Nachmittag mit Mutti in der guten Stube zu verbringen, ich am Klavier und Mutti als begeisterte Zuhörerin. Wenn sie nachmittags einmal einen Moment Zeit hatte, nützte sie den aber, um schnell ein bißchen zu schlafen.

Da stand nun also das Klavier, und der Unterricht konnte beginnen. Wir hatten im Wohnzimmer einen schönen Platz direkt neben dem Fenster gefunden.

Schon nach zwei Unterrichtsstunden spielte ich »Mit dem Pfeil dem Bogen«, als ich die lang angemeldete Ferienfahrt antreten sollte. Es ging mit der Kinderlandverschickung auf die Insel Norderney, vier Wochen, für mich eine lange Zeit. Es plagte mich ein schlechtes Gewissen, Maria so lange alleine zu lassen. Beschützen wollte ich sie, vor allem gegen Willi, der im Suff keine Grenzen kannte. Immer wieder ging ich auf ihn los, wenn er Mutti schlug, wie ein Terrier biß ich mich jetzt an seinen Fersen fest. Der Kriegsbeginn 1939 wurde für uns zur Erlösung, mein Oller meldete sich wieder mal freiwillig zum Militär und verschwand so zunächst aus dem »Familienleben«.

Als der D-Zug nach einem Monat aus Emden mit uns auf dem Lehrter Bahnhof einfuhr, freute ich mich riesig, wieder in Berlin bei Mutti zu sein. Sie stand am Bahnsteig, um Uschi, die auch mit dabei gewesen war, und mich in Empfang zu nehmen. Aber wie sah sie aus, um Gottes willen. Die Augen, ihr schönes Gesicht, grün und blau geschlagen. Meine Freude war bei diesem Anblick sofort verflogen; allerdings, so groß war die Überraschung auch wieder nicht, denn das kannte ich ja schon, so war mein Zuhause. Die vier Wochen in den Ferien hatte mich die Angst um Maria nicht losgelassen. Da stand sie nun, unsere tapfere Mutter, und versuchte, ihre Verletzungen runterzuspielen.

Andere Kinder wurden von Mutter und Vater abgeholt, und es tat mir weh, das mit anzusehen. Aber ich war auch sehr stolz auf Maria und dachte: »Dafür habe ich die stärkste und tapferste Mutter der Welt, davon könnt ihr euch alle ne Scheibe abschneiden.« Wir fuhren mit der Straßenbahn nach Hause. Bevor wir raufgingen in die Wohnung, holte Mutti noch bei unserem Bäcker um die Ecke in der Melchiorstraße für jeden ein großes Stück Kuchen mit Sahne, denn es sollte ein gemütlicher Nachmittag werden, Maria hatte sich extra freigenommen.

Als wir die Wohnung betraten, war noch alles in Ordnung. Gleich links neben der Eingangstür ging es ins Wohnzimmer. Ich wollte schnell zu meinem Klavier, aber die Tür ließ sich nicht öffnen. Auch der

Zugang durch das Kinderzimmer war verschlossen. In Maria stieg eine Ahnung auf. Kurz entschlossen griff sie sich einen Küchenstuhl und einen Hammer und zerschlug eine der beiden Milchglasscheiben im oberen Teil der Zimmertür. Es war ein Schrei, der aus Marias tiefster Seele kam: »Das Schwein hat das Klavier verkauft!« Wir mußten sie stützen, als sie wieder von dem Stuhl herunterstieg, ihr Körper zitterte vor Aufregung, sie konnte kaum noch stehen. Jetzt sprang ich auf den Stuhl, machte mich lang und sah nun die leere Stelle am Fenster, wo das Klavier gestanden hatte. Unsere nette Nachbarin kam uns zur Hilfe, um Mutti zu beruhigen. Ich wurde sehr still, und meine Wut ging in Trauer über.

Es war nicht so sehr das Klavier, nein, die Verhältnisse, unser Leben in dieser Familie, bedrückten mich, verursachten ständig Angst, machten mich zu einem verschlossenen Kind und immer mehr zum Einzelgänger. Den Kuchen haben wir dann mit langen Zähnen als Abendbrot gegessen. Den Rest des Tages verbrachten wir wie immer in Angst vor der bevorstehenden Nacht. Ob er wieder betrunken nach Hause kommen würde? Heute lagen wir zu dritt in Marias Bett und lauerten halbschlafend auf den Sturm. Willi hatte ganz einfach das Klavier versoffen. Außerdem hatte er auch noch eine Freundin, wie sich bald rausstellte, die Frieda Krause aus der Gitschiner Straße. Diese Nacht kam er nicht nach Hause.

Wenn der Sommer brütend über der Stadt lag, die Schule wegen Hitzefrei ausfiel und der Sprengwagen spritzend durch die Straßen fuhr, war das für uns Kinder die schönste Zeit des Jahres. Dann waren wir nur noch an der Spree zu finden. Eine kleine Uferböschung gab es da zwischen der Michael- und der Jannowitz-Brücke. Hier hatten sich die Fabrikanten einen Kanal vom Fluß abgezweigt, um ihre Produkte direkt verladen zu können. Viel wurde zu dieser Zeit auf dem Wasserweg transportiert, die Lastkähne und Dampfer waren den ganzen Tag in beiden Richtungen unterwegs.

Unser kleiner Platz, von der Industrie verschont oder übersehen – eine Idylle: Fünfzehn Meter lang, vielleicht vier Meter breit, das war unser Wannsee-Strand im Herzen der Stadt.

Man mußte schon sehr gelenkig sein, um dahin zu klettern; nichts für die Erwachsenen, aber kein Problem für uns Jungens. Eine Trauerweide ließ ihre Zweige bis ins Wasser hängen. Da blieben wir ungestört, bis auf ein paar Wasserratten und die Enten, die sich gegen Abend unter dem mächtigen Baum zum Schlafen einfanden. Die vollbesetzten Ausflugsdampfer stampften an unserer Oase vorüber, vergnügte Leute winkten uns zu, bis das Schiff unter der

Brücke verschwand; von dort dröhnte die Begleitmusik noch mal so stark. Und am Abend, wenn sie zur Anlegestelle Jannowitz-Brücke zurückkehrten, sangen die Passagiere trunken die »Rosamunde« oder »Und wieder geht ein schöner Tag zu Ende«.

Unser Hauptspaß bestand damals darin, eines der Beiboote, die an den Lastkähnen hingen, zu entern oder uns einfach bloß dranzuhängen. Dann ging die Fahrt bis raus nach Treptow und auf die gleiche Art wieder zurück. An manchen Tagen viermal Treptow und zurück!

Eine solche Unternehmung war ziemlich gefährlich, denn die Schiffer bewarfen uns gerne mit Briketts und anderen Gegenständen. So hatten wir also alle unser Vergnügen, und Hotte wurde am Kopf getroffen. Als das passiert war, verließen wir schon an der Schillingbrücke die Spree und flitzten zum nahe gelegenen Bethanienkrankenhaus – die Ambulanz dort wurde von uns Bengels öfters aufgesucht.

Für nen Fuffziger von der Jannowitz-Brücke mit nem Köpper springen – das war keine Seltenheit. Da gab's Leute, die sich köstlich amüsierten, wenn wir oben vom Geländer ins Wasser hopsten und denen beim Auftauchen den nackten Hintern zeigten. Mit einer schnellen Bewegung zogen wir die Badehose runter und wieder rauf. Vom nächsten Lastkahn ließen wir uns dann bis zu unserer »Oase« ziehen. Auf dem Landweg war einer von uns dann immer schon mit dem eingesammelten Geld zur Stelle. Und jetzt in die Köpenicker zur Eisdiele, wo wir Riesenwaffeln genüßlich, fast andächtig aufschlabberten.

Später fing ich an, hier meine Anglererfahrungen aus Masuren an den Fisch zu bringen. Viel war es nicht, was mir an den Haken ging, aber es blieb eine aufregende Beschäftigung. Meine Methode, Flußkrebse zu fangen, war erfolgreicher: Wenn man auf einer langen Schnur aufgezogene Kartoffelscheiben an den Anlegestellen ins Wasser ließ, brachte das oft eine Portion Krebssuppe auf den Tisch eines Rentners, der mir meinen Fang mit drei Groschen bezahlte.

Sommer in Berlin! Voller Wehmut denke ich daran zurück – wie es langsam dunkel wird, alle Fenster in der Wohnung geöffnet, und die kühle Abendluft durch die Räume weht. Das plätschernde Begießen der Blumen auf den Fensterbrettern, ein beruhigendes friedliches Geborgensein.

Vor dem Schlafengehen verputzte ich einen großen Teller Grießflammeri mit Kirschsaft – von Mutti vor der Arbeit zubereitet. Dann zog der Tag noch mal an mir vorüber, und die Träume hatten mich wieder.

Spätsommer 38. »Morgen mittag um halb eins essen wir auf dem Belle-Alliance-Platz aus der Gulaschkanone Erbseneintopf, und der Führer ist auch da.« Mit dieser Neuigkeit stürzte Onkel Alwin nachmittags zu uns in die Wohnung. Willi war wieder mit irgendeiner Parteigröße auf Reisen, die chauffierte er ab und an in den neusten Automobilen nach Nürnberg, München und zurück. »Alles wichtige Männer, die schon von Anfang an dabeiwaren«, sagte er immer. Voller Ehrfurcht war dann seine Sprache, das Berlinische wie weggepustet.

Maria sagte, sie hätte für Sonntag schon eingekauft, es würde zu Hause gegessen, außerdem gebe es im Haushalt genug zu tun, da könnte sie nicht weg. Ich glaube, sie konnte diese Ansammlungen von Naziuniformen nicht aushalten, Uniformen, die auch ihr Zuhause zur Hölle machten. Ich versprach dem Onkel mitzukommen und bat Mutti, daß wir morgen eine Stunde später Mittag essen.

Meine Neugierde war groß, ganz aufgeregt war ich, als wir um zwölf den Platz am Halleschen Ufer erreichten. Ein paar Leute aus der Nachbarschaft waren mit uns gekommen, der Führer schon eingetroffen. »Wo, wo ist er denn?« wollte ich vom Onkel wissen, der hob mich auf die Schultern. Nur wenige Meter von uns entfernt stand er da, Adolf Hitler. Er löffelte aus einem Blechteller die Erbsensuppe, aß mitten unter dem Volk den von ihm so gepriesenen Eintopf. Den Teller hatte er auf der Gulaschkanone vor sich stehen, nahm ab und zu einen Löffel voll, den er sich dann genüßlich in den Mund schob.

Trotz des milden Frühherbstwetters stand sein Mantelkragen auf Sturm, die Mütze fest auf den Kopf gedrückt. Ein kleines Männlein bewegte sich wie ein Wiesel um ihn herum und quittierte jeden seiner Sätze mit einem alleswissenden Lachen: Dr. Goebbels, ganz Propagandaminister, demonstrierte Volksnähe, lächelte ununterbrochen, gab sich äußerst jovial. Während ich den Führer so betrachtete, dachte ich: Der fühlt sich hier nicht wohl, diese Nähe zu uns, zum Volk, ist dem unangenehm. Trotzdem, die Leute erstarrten vor Begeisterung bei seinem Anblick. Nach kurzer Zeit verschwand Adolf Hitler unter dem Heilgebrüll seiner Parteigenossen im Menschengewühl: Ein mächtiger »Intendant« und seine Dramaturgenbande verließen den Belle-Alliance-Platz. Das Volk, als willige Statisten, verführt und mißbraucht in der Vorbereitung zu einer der grausamsten Inszenierungen der Weltgeschichte. »Na, haste ihn gesehen?« fragte Maria, als ich zu Hause ankam. »Ja, Mutti, aber ich glaube, die Suppe hat ihm nicht geschmeckt.«

Als ich aus meiner Schule in der Köpenicker Straße gegen Mittag nach Hause trottete, traf ich auf dem »Micki«, so nannten wir Jungens den Michaelkirchplatz, meinen Freund Helmut. Helmut schwänzte die Schule regelmäßig, er trieb sich lieber rum und hatte immer ein paar Groschen in der Tasche. Anfang November war es, schon ziemlich kühl, um noch draußen auf der Parkbank zu sitzen, aber das machte Helmut nichts aus. Der residierte da. Jovial sagte er: »Heute ist alles umsonst, die Judenläden sind aufgekloppt worden, da kannste dir rausholen, was du willst.« Er trug eine schwarze »Glocke« auf dem Kopf, einen Hut, der sonst von Geschäftsleuten oder gut betuchten Männern getragen wurde. Helmuts abstehende Ohren verhinderten, daß sein Kopf ganz darunter versank. Er schmokte eine dicke Zigarre, würgte dran rum und war kurz vor dem Kotzen. »Los, Jünta, bring deine Klamotten ruff, und dann hauen wir noch mal ab zur Leipziger Straße, zum Dönhofplatz, da is noch ne Menge zu holen.«

In der Friedrichstraße, in der Leipziger und um den Hausvogteiplatz herum sah ich viele Geschäfte mit zerschlagenen und zertrümmerten Schaufensterscheiben. Die Läden waren zum großen Teil schon ausgeplündert worden. Kein Schupo griff ein, als Helmut und ich in einem Tabakladen verschwanden.

Der Verkaufsraum war mächtig demoliert. Wir stolperten über herausgerissene Schubladen, Glassplitter knirschten unter den Schuhsohlen. Hier war fast alles zerstört, zertrampelt, ausgeraubt. Es roch intensiv nach Tabakwaren, süßlich, angenehm. Zertretene Tabakbeutel lagen überall herum. Helmut war vor Stunden schon mal hiergewesen und kannte sich aus. Zielstrebig wollte er jetzt die Kasse knacken, die schöne alte Registrierkasse, die noch auf der Verkaufstheke stand. Nach hinten war der Raum durch einen dicken Vorhang getrennt, der mir halb geöffnet Einblick gewährte: ein als Büro eingerichtetes Zimmer. Ich erschrak, als ich den Vorhang weiter öffnete und auf einem Stuhl einen älteren Mann wie versteinert sitzen sah. Apathisch starrte er vor sich hin, es muß der Inhaber des Ladens gewesen sein. Helmut versuchte, mit einem Schraubenzieher die Kasse zu öffnen.

Das Gesicht des Mannes war von stillem Jammer gezeichnet. Abwesend von dieser Welt, brachte er aus seiner Westentasche einen kleinen Schlüssel zum Vorschein und reichte ihn mir, auf Helmut deutend: »Damit geht es besser.« Ich konnte den Schlüssel nicht nehmen, drehte mich weg. »Komm, wir hauen ab, dahinten ist ja noch jemand drin.« Helmut sagte: »Der Alte, der hat doch heute morgen schon da gesessen, der tut uns doch nichts.« Neben der Eingangstür klemmte ich mir ein paar Kisten Zigarren unter den Arm, verließ den Laden und hörte Helmut noch rufen: »Geh doch nach Hause zur Mami, du feiger Hund.«

Opa Chiepluch in Börnicke rauchte in den nächsten Wochen teure Zigarren, sein Kautabak war erst mal uninteressant. Immer, wenn Chiepluch sich eine Zigarre anzündete, plagte mich mein Gewissen. Aber die meisten Erwachsenen fanden es doch richtig, »daß denen mal gezeigt wird, wo es langgeht, und ihnen mal Feuer unterm Arsch gemacht wird«. Später nannte man den Tag mit Helmut in der Leipziger Straße »die Reichskristallnacht«.

Im September 1939, als Hitler den deutschen Eroberungsfeldzug in Polen begann, war Willi für kurze Zeit erst mal in Berlin stationiert, später dann in einer Kaserne in Frankfurt an der Oder. Maria und ich haben ihn dort einige Male im Laufe des folgenden

Jahres besucht. Wir beide wohnten dann privat bei einer Kolonialwarenhändlerfamilie, die Willi kennengelernt hatte. Der Mann war schon an der Front, die Frau und ihre Kinder bewirteten uns Berliner mit großer Herzlichkeit. So wurden es immer ganz schöne Wochenenden da in Frankfurt: im Sommer Frühstück im Garten, und nachmittags hinein ins moderne große Schwimmbad. Die Eltern nah am Beckenrand saßen auf der Wiese, so richtig auf einer Decke, zusammen, und ich glaube, nicht mal die Thermoskanne mit Kaffee fehlte – eine richtige Ausflugsidylle.

Hier im Frankfurter Schwimmbad stand sogar ein Zehnmeter-Sprungturm. Da ich in Berlin nie Gelegenheit hatte, Mutti und Willi meine Sprung- und Schwimmkünste vorzuführen – die Verhältnisse, die waren ja nicht so –, lag mir jetzt viel daran, dem Alten zu imponieren. Also ruff uff den Turm und den beiden zugewinkt. Ich sprang, so gut und schön ich konnte, tauchte ein gutes Stück weiter unterhalb des Beckenrands, dort wo die Eltern saßen, wieder auf, holte Luft und tauchte noch mehrmals zu anderen Stellen, um mich so den Blicken der beiden wieder zu entziehen.

Von der anderen Seite des Beckens konnte ich gut beobachten, wie sie aufgeregt dastanden und nach mir suchten: meine Eltern. Das Becken war voll mit halbwüchsigen Mädels und Jungens, ich war gar nicht so schnell für sie auszumachen. Schadenfreude und Genugtuung empfand ich, als ich ihre Aufgeregtheit beobachtete, und es tat mir gut, als Maria mich dann in den Arm nahm und sagte: »Mensch, Bengel, hast du mich erschreckt!«

Bei Willi sah die Sache etwas anders aus. Eher kleinlaut sagte er: »Haste jut jemacht, hab ick dir nich zujetraut.«

Als Mutti und ich später wieder in Berlin waren, erzählte sie mir, daß mein Sprung Vatern sehr beeindruckt hätte und daß er überhaupt nicht schwimmen könne. Jetzt wurde mir klar, warum er sich im Schwimmbad nicht ausziehen wollte. Mir hatte er was von einer Hautkrankheit erklärt, wegen der er das Chlorwasser nicht vertragen könnte!

Willi kam jetzt auch öfter nach Berlin auf Urlaub, denn 1940 wurde sein Jahrgang an der Front noch nicht gebraucht. Die räumliche Trennung bekam den beiden offensichtlich sehr gut, und unser Leben in Berlin wurde ruhiger. Der Druck durch Willis versoffene Präsenz war verschwunden, auch die Besuche von Gläubigern diverser Kneipen hatten ein Ende.

Dafür begann eine neue Angst für mich: die Angst vor den immer häufigeren Luftangriffen der Alliierten auf Deutschlands Großstädte. Der Reichsmarschall und Vize Hitlers, Hermann Göring, hatte gerade noch laut getönt: Wenn ein feindliches Flugzeug jemals über deutschem Boden auftauchen sollte, hieße er Meier. Aber nachdem er London und andere britische Städte bombardieren ließ, wurde es bald ganz still um Herrn Meier, und unsere Nächte durch die Bombenangriffe um so lauter.

Willi hatte sich verändert, er war stiller geworden, der Krieg hatte ihm schon einige Kumpels und Saufkumpane weggenommen. Aber Willi brauchte seine

Uniform, um Mensch zu sein. Manchmal tat er mir wirklich leid.

Als Soldat auf Urlaub hatte mein Vater Anspruch auf jede Menge Freikarten für die verschiedensten Veranstaltungen in Berlin. So kam es, daß ich im »Theater des Volkes«, im »Wintergarten« und in der »Plaza« die Programme mehrmals zu sehen bekam, erst mit Willi, dann mal mit Maria und auch sehr oft alleine.

Als Parteigenosse bekam Willi von der Ortsgruppe der NSDAP noch zusätzliche Freikarten. Das war eine Freude für mich, auf diese Weise so oft ins Varieté und ins Theater gehen zu können, die Operette »Frau Luna« habe ich bestimmt fünfmal angesehen und konnte sie schon auswendig mitsingen. In die Tanzsoubrette war ich mächtig verknallt und nahm sie mit in meine Tagträume.

In den Zwanzigern, als der Sportpalast in der Potsdamer Straße seinem Namen noch Ehre gemacht hatte, als Döblins Biberkopf durch die Stadt gezogen und seinem Schicksal erlegen war, war Willi Taxe gefahren oder hatte sich als Gelegenheitsarbeiter verdingt. Er hatte eine besondere Vorliebe für den immer stärker aufkommenden Boxsport entwickelt. Im Sportpalast fanden zu der Zeit die großen, legendären Boxkämpfe statt. Namen wie Hans Breitenstätter, Max Schmeling, Hans Neusel, Adolf Heuser, Franz Diener oder Primo Canera zogen die Massen in die Arena.

Dagegen waren die »Sechstagerennen« mehr etwas für die gehobene Klasse. Dort traf man sich, wollte gesehen werden, ein Jahrmarkt der Eitelkeiten, und im Tribünenbereich floß der Schampus für die Parvenüs und die Reichen in Strömen. Für diese Leute waren es die »Tollen Zwanziger«. Der kleine Mann verbrachte die Nächte höchstens oben auf dem sogenannten Heuboden des Sportpalastes bei billigem Fusel und ner Molle.

Die Boxveranstaltungen waren immer restlos ausverkauft. Hier konnte der einfache Mann seine Not und die Wut über die Verhältnisse rausbrüllen, sich betäuben und für sich kämpfen lassen.

Fünfzehn Jahre später brüllten die gleichen Menschen allerdings an derselben Stelle ihr »Ja« zum »totalen Krieg«, als Dr. Goebbels sie befragte: »Wollt Ihr . . .?«

Damals, eines Abends, war der Sportpalast mal wieder ausverkauft gewesen, und Restkarten wurden zu überhöhten Preisen schwarz angeboten. Willi und eine Gruppe von jungen arbeitslosen Männern versuchten den Sportpalast über einen Hinterhof zu stürmen. Ein hohes Eisentor mußte überwunden werden. Aus der Gruppe machte sich ein sächsisch sprechender Mann bemerkbar, drängte sich in den Vordergrund und sagte: »Nu geht mal beiseite, newahr, ich mach das schon.« Dieser Mann verfügte über enorme Kräfte, er hob das Tor aus den Angeln und verschaffte somit der ganzen Gruppe den Einlaß.

Willi war fasziniert, und es begann eine Art Freundschaft zwischen den beiden. Der Mann hieß Hans Kämpfer, war arbeitslos, kam aus Dresden nach Berlin, um hier sein Glück zu machen. Durch Willis gute Beziehungen verschaffte der ihm bei einer großen Möbelspedition eine Anstellung als Transporteur und brachte ihn gleichzeitig in einem Boxclub unter. Sehr bald stellte sich aber heraus, daß der Mann fürs Boxen zu langsam war, er mußte dann zum Ringsport überwechseln. Maria erzählte mir viel später, daß dieser Koloß von Kerl auch noch eine Zeitlang in der Wilmersdorfer Wohnung kampiert hatte. Er futterte doppelte Portionen, und bald war das schöne Sofa im Wohnzimmer völlig durchgelegen. Dieser Hans

Kämpfer wurde sehr bald Weltmeister im Ringen und später auch im »Catch-as-Catch-can« und lebte vermögend in New York. Später sollte er noch einmal in Berlin auftauchen, um dann auch in meinem Leben eine Rolle zu spielen ...

Das Boxen imponierte auch mir jetzt immer mehr, und ich war froh, wenn Willi mich in den ersten Kriegsjahren zu den Boxkämpfen in der Deutschlandhalle mitnahm. Ich kannte mich schnell aus in allem, was diesen Sport anging, und sammelte Autogramme von den damals berühmten Kämpfern. Adolf Heuser war mein Favorit.

Eines Tages fand ich heraus, wo der Mann trainierte, nahm allen Mut zusammen und fuhr mit der U-Bahn zum »Oranienburger Tor«. In der Friedrichstraße, direkt am U-Bahn-Ausgang, kurz vor der Oranienburger, hatte der B. C. Westen seine Trainingsräume in einer Fabriketage.

Es dauerte eine ganze Weile, bis ich den Mut fand, die Tür zu öffnen. Drinnen herrschte eine große Betriebsamkeit, mehrere Boxer sprangen Seil oder bearbeiteten die verschiedenen Sandsäcke mit ihren Fäusten. Der Geruch von Schweiß hing in der Luft. Etwas ängstlich stand ich mit meinen zehn Jahren neben der Tür, entdeckte aber am Ende der Halle meinen Favoriten Adolf Heuser im Ring beim Sparring. Plötzlich wurde das Kommando »Zeit« gerufen, und es trat Stille ein, eine Minute Pause. Jetzt war es mir doch unheimlich, da so rumzustehen, ich war in die Höhle des Löwen eingedrungen, rührte mich aber nicht mehr. Ich war so beeindruckt und brachte erst kein Wort raus, als mich ein Trainer ansprach, und fragte, was ich wolle. »Ein Autogramm von Adolf Heuser«, stammelte ich endlich. »Na, dann komm mal mit, woll'n mal sehn, wat sich da machen läßt.«

Voller Ehrfurcht schlängelte ich mich durch die dampfenden Leiber der Trainierenden. »Na komm schon, Adolf macht noch eine Runde, und dann fragen wir ihn mal.« Heuser war ziemlich eingepackt in Wollsachen, schwitzte fürchterlich, und bei jedem Schlag spritzte der Schweiß durch den Ring. Am Ende der Sparring-Runde waren beide Boxer ganz schön erschöpft, Heusers Partner wankte in seine Ecke, ließ sich von seinem Sekundanten die Handschuhe öffnen, fluchte über seinen Konditionsmangel und benutzte die übelsten Schimpfwörter. Heuser war ganz anders. Er hörte genau zu, was sein Trainer ihm zu sagen hatte, ruhig nahm er dessen Kritik zur Kenntnis. Der Sportsmann, der mich an den Ring geführt hatte, meldete sich dann zu Wort und fragte den Meister, ob er für den kleenen Steppke ein Autogramm hätte. Heuser guckte mich interessiert an, sein Blick hatte etwas Vertrauenerweckendes und zugleich Wohlwollendes. Streng sagte er zu mir, daß es nicht so einfach wäre, von ihm ein Autogramm zu bekommen, das müßte ich mir verdienen, nämlich bei ihm im Ring! Ich dachte, ich hätte etwas Falsches gehört, und hatte nur ein langes »Wie?« zur Verfügung. »Was heißt hier wie? Zieh deine Jacke aus, und hereinspaziert.« Jetzt wurden die anderen Anwesenden in der Halle aufmerksam, kamen heran, und Heusers Sekundant hielt mit dem Fuß die Seile auseinander, sah mich lächelnd an und sagte: »Na, dann mal los, Kleener.«

Komisch, bei Hackert in der Schule hatte ich gepinkelt vor Angst, hier blieb es aus, und wie im Traum hopste ich in den Ring. Unter den Blicken der Zuschauer fing ich vorsichtig an, Heuser zu umtänzeln. Die riesigen Boxhandschuhe, die man mir noch verpaßt hatte, müssen mich voll und ganz abgedeckt haben, eigentlich war ich hinter meiner Deckung verschwunden. Eine lange gestochene Linke hatte ich mir schon selber beigebracht, die schoß ich immer wieder in Heusers Gesicht ab. Dessen große Pranke tupfte mein Gesicht, während ich alle mir zur Verfügung stehenden Kräfte in die Schläge legte. Die Hälfte der Runde mußte vergangen sein, als Heuser unter meinen Schlägen zu wanken schien, um schließlich nach einem Aufwärtshaken auf die Knie zu sinken. Damit wurde ich zum Sieger erklärt, und Heuser, der mir den Angeschlagenen vorgespielt hatte, sagte: »Mensch Junge, du hast vielleicht nen Bums!« Die Leute im Boxclub hatten Herz gezeigt, und das kam bei mir an. Ich hatte schon gemerkt, was da gespielt wurde, aber es machte mich nicht lächerlich.

Im Umkleideraum bekam ich von dem nackten Adolf Heuser noch mein Autogramm. Es imponierte mir, wie sich der Mann mit einer Natürlichkeit gab und bewegte. Heuser trainierte nicht ständig dort, und so habe ich ihn nicht wiedergesehen. Dafür sah ich ihn immer auf dem Foto, das in meinem Kinderzimmer einen Ehrenplatz bekam.

Ich wurde dann Mitglied in dem Klub und war wohl Berlins jüngster Kinderboxer. In der »Deutschlandhalle« hatte ich meinen ersten Kampftag. Ein gleichaltriger Junge aus dem Wedding war mein Gegner. Bei einem Großkampftag mußten wir uns vor Beginn der Hauptkämpfe eine Runde lang zur Erheiterung des Publikums kloppen. Unser Auftritt wurde mit »Unentschieden« bewertet, und vom Veranstalter gab es anschließend Süßigkeiten und ein paar Mark extra in die Hand. Lange aber blieb ich nicht in diesem Klub, denn meinem Fähnleinführer gefiel das gar nicht.

Unser Kinderzimmer ist endlich wieder frei geworden, ich kann es nach meinen eigenen Vorstellungen wiederherrichten. Maria hatte immer noch an Willis Schuldenliste abzuzahlen und notgedrungen das Zimmer für drei Monate untervermieten müssen. Uschi fand ihren Schlafplatz im Wohnzimmer und ich bei Maria im Schlafzimmer. Wir Kinder hatten für diese Einschränkung sofort Verständnis, obwohl es mir sehr schwerfiel, den ganz von mir selbst gestalteten Raum herzugeben, aber meiner Mutter zu helfen war für mich eine Selbstverständlichkeit.

Unser Untermieter, ein Frisör namens Benno, war also wieder verschwunden, und ich hatte meine Höhle, meinen Spielraum zurück, ein Altberliner Eckzimmer mit einem Fenster zum Hinterhof, sehr dunkel. Da ich mir von meinem Erspartem oder mit Koffertragen am Schlesischen Bahnhof erarbeiteten Kleingeld viele Blumen und rankende Hängepflanzen kaufte, war das Fenster beinahe zugewachsen.

Die ganz besondere Atmosphäre unseres Hinterhofs hatte es mir angetan. Das Fenster war im Sommer fast immer geöffnet, und die vertrauten Geräusche verbreiteten Ruhe und Geborgenheit: Sonntags vormittags das Klappern von Geschirr und Töpfen und das perlende Singen der Kanarienvögel oder das sich behauptende Schimpfen der Wellensittiche, viele Nachbarn hielten sich solche Piepmätze. Dazu die unterschiedlichen Musiken aus den Radios, genannt »Volksempfänger« oder »Goebbelsschnauzen«. »Man müßte Klavier spielen können«, Heesters. »Ich brauche keine Millionen«, Marika Rökk, Tonfilmmusik der UFA.

Auch die Küchengerüche waren mir vertraut: Die Leute unter uns hatten ständig Puffer in der Pfanne, die brutzelten in Fett, meist Schweine- oder Butterschmalz.

Anders stellte sich das Bild werktags dar, denn hinten auf dem Hof befand sich eine Tischlereiwerkstatt. Das Sägen, Hämmern und Schleifen war bis zu uns rauf in den zweiten Stock zu hören, es herrschte eine lebhafte Geschäftigkeit da unten.

Aber auch der Geruch von Leim und frisch geschnittenem Holz kam bei uns oben an. Mein Zimmer war wirklich mein Fluchtort, hier konnte ich mich gut verkriechen. An der Zimmerdecke fanden Luftkämpfe statt, die ich aus selbstgebastelten Pappeflugzeugen inszeniert hatte, und wenn es dunkel war, suchte ich mit dem Scheinwerfer meiner Taschenlampe den Zimmerhimmel ab. Natürlich siegten an meinem Himmel die Jagdflugzeuge der deutschen Luftwaffe.

Eine Galerie von Autogrammkarten hatte ich an der Durchgangstür zum Schlafzimmer angebracht: UFA-Stars, Heesters, René Deltgen, Willi Birgel ... Mein »erkämpftes« Foto von Adolf Heuser hatte auf einer Kommode Platz gefunden, an einem Haken hingen Boxhandschuhe, außerdem ein manuell zu bedienendes Grammophon, das waren meine wichtigsten Schätze.

Im Gegensatz zum Wohnzimmer, in dem drei Führerbilder hingen, gab es bei mir nichts dergleichen, außer meinen Luftkämpfen an der Decke, denn für mich stand fest: Ich wollte Flieger werden.

Es war ein ruhiger Nachmittag, als es bei uns klingelte und ich ein zackiges »Heil Hitler, Frau Lamprecht« von der Wohnungstür her hörte. Mein Fähnleinführer höchstpersönlich wurde vorstellig, wollte Günter mal sprechen, der neuerdings weniger zum Dienst käme, dafür aber öfter in einem Boxverein gesehen würde, einem Verein, in dem sich merkwürdige Subjekte rumtrieben.

Hans-Dietrich war ein Musterexemplar von Jungvolkführer, ganz nordisch! Blond, SS-Maße, 1,85 Meter und man gerade siebzehn Jahre alt. Er besaß den zackigen Charme der Zeit und stellte mit Sicherheit das Wunschbild vom Schwiegersohn vieler deutscher Mutterkreuzträgerinnen dar. Ich hatte das Klingeln gehört, wollte schon nachsehen, wer da zu Besuch kam, aber Mutti hatte nicht einschlafen können, war wach, öffnete die Wohnungstür und ließ Hans-Dietrichs provozierenden Text über sich ergehen. Maria rief ins Kinderzimmer: »Sohni, kommste mal, hier ist dein Führer, der will dich sprechen, ich muß gleich weg zur Arbeit.«

Hans-Dietrich war sichtlich irritiert, so beiläufig abgefertigt zu werden, Maria konnte so ein Auftreten überhaupt nicht beeindrucken. Ich übernahm dann meinen Fähnleinführer und lotste ihn durch den dunklen Korridor in mein Reich. Irgendeine Angst kam in mir hoch, eine Ahnung, daß dieser Besuch nichts Gutes bedeuten sollte, seine eingangs geäußerten Sätze über meinen Boxverein hatten meine Alarmlampen blinken lassen. Ich mochte diesen Hans-Dietrich nicht, schon wegen des Klassenunterschieds. Der stammte aus einer wohlhabenden Arztfamilie, trug seine Nase ziemlich hoch und gefiel sich maßlos in seiner Uniform. Wir sprachen zwei verschiedene Sprachen.

Im Moment allerdings war ich der Sprachlose, er mußte mir jedes Wort aus der Nase ziehen: »So, so, das ist also deine Bude«, sagte er und stolzierte durch mein Zimmer. Wie ein Spürhund durchschnüffelte der meine Höhle. Die Luftkämpfe an der Zimmerdecke gefielen ihm, am Plattenspieler ein längerer Stop. Die Titel der Tanzmusik auf meinen acht Schallplatten belächelte er. Er vermisse Marschmusik und das »Deutsche Liedgut«, und ob ich die Blumen im Fenster gepflanzt hätte? »Ja, ja«, sagte ich scheu. »Ich liebe Blumen, und meine Mutter auch.« Die öffnete gerade die Zimmertür, um sich zu verabschieden: »Auf Wiedersehn, in der Küche hab ich dir einen Stullenteller gemacht für den Abend, du bleibst doch zu

Hause?« Hans-Dietrich antwortete für mich: »Nein, nein, den nehme ich nachher mit zum Heimabend.«

Er hatte einen Tonfall drauf, der auch Maria stutzen ließ. Mit einem kurzen »Die Pflicht ruft« ging sie hinaus. In der Tür zögerte sie einen Moment, aber der übliche Kuß von mir fiel feige aus. »Komm nicht zu spät und vergiß den Schlüssel nicht«, sagte sie nur noch. Hilfe, dachte ich, ich bin mit meinem Klassenfeind alleine! Der kam dann sehr schnell zur Sache. Das erkämpfte Autogrammfoto von Adolf Heuser hatte er länger betrachtet, beim Zurückstellen auf die Kommode »verfehlte« er das Brett, der Rahmen landete auf dem Boden und zerbrach. »Tut mir leid«, sagte er, »wie weit biste denn schon mit deinem Boxen?« »Na ja, es macht mir Spaß zu trainieren, die sind da alle sehr nett, und ein bißchen hab ich schon gelernt.« »Na, dann machen wir doch mal ne Runde, mal sehen, was du drauf hast.«

An der Zimmertür an einem Haken hingen zwei Paar Boxhandschuhe mit einer hohen Unzenzahl; die nahm der blonde Hans-Dietrich herunter und warf mir ein Paar zu. Und ich glaubte wirklich, ich dummer Hund, der wolle mit mir ein bißchen trainieren. Ich zog mein Jäckchen aus und nahm eine Kampfstellung ein. Es dauerte höchstens vier Sekunden, da haute er mir voll ins Gesicht und noch eins vor die Brust. Ich flog auf den Hintern und landete rücklings am Kachelofen. Ich habe Sterne gesehen, das Blut spritzte mir aus der Nase.

Der stahlharte Blick meines Führers, der über mir stand, signalisierte weitere Prügel, da blieb ich lieber liegen und gab mich geschlagen. »Viel ist das ja nicht, was du da in dem Verein gelernt hast«, meinte der blonde Hans.

Ich kroch zum Waschbecken im Klo, um mit kaltem Wasser mein Nasenbluten zu stillen. Gedemütigt, erniedrigt latschte ich dann hinter ihm her zum Heimabend in die Dresdener Straße. Es war einer von diesen langweiligen Singabenden, wo einem zum hundertsten Male ein Kampflied eingepaukt wurde, schön laut und kräftig. Hans-Dietrich sagte am Ende dieses Abends: »Tut doch nicht mehr weh, was? Ich kümmere mich darum, daß du bei uns ordentlichen Sport beigebracht bekommst, das bist du schon deinem Vater schuldig, der doch ein vorbildlicher Parteigenosse ist und jetzt seine Pflicht an der Front erfüllt.«

Als ich nach Hause ging, war es schon dunkel, und ich fühlte mich gar nicht wohl. Ich fühlte mich meiner Freiheit beraubt. Ich hab wieder mal geweint.

Es wird im Spätherbst 1941 gewesen sein, als mir auf den Straßen die gelben Judensterne immer häufiger auffielen. Auch die Parkbänke waren plötzlich mit der Aufschrift »Nicht für Juden!« versehen. Diese Sterne an der Kleidung der jüdischen Menschen – wie mußten die sich gedemütigt fühlen. Es berührte mich, wie niedergeschlagen sie aussahen, etwas stimmt da nicht, dachte ich und begann mich zu schämen. Für wen?

Dann gab es noch die vielen kleineren Aufnäher, P für Polen oder F für Franzosen. Die so Bezeichneten waren »Fremdarbeiter«, sie wurden als »minderwertig« eingestuft. Diese Aufnäher empfand ich als Wertmarken.

Der Rußlandfeldzug verlief bisher »sehr erfolgreich«, und alles sah weiter nach einem großen Sieg der Deutschen Armee aus. Wir hatten uns an das Siegen gewöhnt, hofften auf den baldigen Frieden im großdeutschen Reich und schwammen mit auf der Erfolgswelle der Goebbelsschen Propaganda. Solange der Krieg sich nur in anderen Länder abspielte, ließ man es sich gutgehen, »Adolf Hitler, unser geliebter Führer, wird's schon richten«.

Inzwischen gab es bei uns zu Hause fast jede Woche Besuch von durchreisenden oder sich auf Heimaturlaub befindenden Soldaten, Onkeln oder entfernten Verwandten. Marias Kochkünste waren sehr gefragt, man ließ sich verwöhnen. Da wurde gezecht und Karten gespielt, oft bis spät in die Nacht. Ich freute mich über die tollen Geschenke, meist Kriegsspielzeuge oder ein paar Tafeln Schokolade. Neugierig wollte ich wissen, wie es in den anderen Ländern aussah, in Frankreich oder Dänemark. Komisch, darüber wurde kaum gesprochen.

Im Herbst 1942 kommt Onkel Walter zu Besuch, er kommt aus Riga. In seinem Ledermantel mit dem SD-Zeichen am Ärmel und dem Totenkopf an der fesch zusammengedrückten Mütze macht dieser eigentlich kleine Mann einen angeberischen Eindruck auf mich. Willi war auch gerade auf Urlaub aus Frankfurt/Oder, wo er im Fuhrpark für Wehrmachtslastzüge stationiert war. In der Wehrmachtsuniform als Gefreiter nahm Vater sich neben seinem Bruder eher bescheiden aus. Die beiden Uniformierten nahmen mich, den Zwölfjährigen, mit in ihre Stammkneipe an der Ecke Waldemarstraße. An der Theke erzählte der Onkel von seinen »Einsätzen« in Riga und Umgebung. Großspurig erklärte er, daß da oben endlich mal mit dem großen Besen rangegangen werde, somit Ordnung herrsche und solche »Säuberungen« wichtig wären. Er erzählt von sowjetischen Kommissaren, die er selbst umgelegt habe mit seiner »Puste«, so nannte er seine Pistole am Gürtel. Aber erst mal müßten die sich ihre Grube selbst ausbuddeln, danach Genickschuß und weg damit.

Wie ein Jäger, der seine Trophäen vorführt, legte er zwei Sowjetsterne auf den Tresen. Fasziniert starrte ich auf die beiden Abzeichen, die da lagen und mal Menschen gehört hatten, die gelebt hatten und jetzt in der Grube verscharrt lagen. Am liebsten wäre ich abgehauen, aber Onkel Walter sagte: »Da staunste, was!« Es schauderte in mir. Seine Frau, meine Tante Frieda, und meine Cousine Inge hätte er mit Pelzen ausstaffiert und mit Schmuck versorgt, schwadronierte er weiter, und morgen geht's wieder rauf, den Rest erledigen, und dann geht's weiter. Seinem Bruder Willi, meinem Vater, hatte es jetzt auch die Sprache verschlagen, fast stumm verabschiedete er den Bruder, und ich zögerte, ihm die Hand zu geben. Zu Hause angekommen, nannte Willi den flotten Onkel

Walter einen »Angeber, Großmaul, einen faulen Hund und Ganoven. Der hat doch in Litauen alles geklaut«, sagte er zu Maria.

Ich wußte in diesem Moment nicht, ob Willi auf seinen Bruder vielleicht nur neidisch war. »Für mich hat der ne Menge Dreck am Stecken«, sagte ich leise. »Das kannste laut sagen«, meinte Mutti, »der geht über Leichen!«

An einem Heimabend der Pimpfe 1943 wurde die Anordnung verlesen, daß wir uns nach einem Luftangriff sofort für Lösch-und Bergungsarbeiten auf der Dienststelle Dresdener Straße zu melden hätten. Deswegen wurden wir zu einem Kurzunterricht in Luftschutz und Erste Hilfe abkommandiert. Inzwischen flogen die Alliierten ihre Luftangriffe immer häufiger auch schon bei Tag.

Heute waren wir seit dem Nachmittag zu einem Einsatz unterwegs, ein kleiner Trupp von sechs Jungens. »Sofort zum Wedding losmarschieren, in die Brunnenstraße, Richtung Gesundbrunnen, da beim Einsatzleiter Luftschutz/Feuerwehr melden«, lautete unser Befehl. Als wir ankamen, brannten dort vier Wohnhäuser. Wir mußten das Mobiliar aus den obersten Stockwerken der angrenzenden Häuser, auf die die Brände schon übergriffen, auf die Straße schleppen und ältere Leute evakuieren.

In einer nahe gelegenen Schule war eine Sammelstelle der NSV – Nationalsozialistische Volkswohlfahrt – eingerichtet, dorthin geleiteten wir ältere ausgebombte Mitbürger zur Notunterkunft und Erstversorgung. Ein altes Muttchen saß zusammengesunken auf einem Kohlenkasten im Hof, weinte bitterlich und war von da nicht wegzubewegen, sie sollte aber raus auf die Straße. »Mein Hansi, mein Hansi«, klagte sie. In dem ganzen Durcheinander und Getümmel versuchte ich, mich einen Moment um sie zu kümmern. »Der Hansi ist da oben im Haus verbrannt, der ist tot«, jammerte sie und zeigte auf den vierten Stock im Hinterhaus. Dort brannte der Dachstuhl schon lichterloh, ein Funkenregen fiel auf uns herab. Höchste Zeit, die Oma mußte raus aus dem Hof, es wurde immer gefährlicher. Wie sich durch mein drängendes Fragen herausstellte, war Hansi aber kein Enkel oder ein Familienangehöriger, sondern ein Kanarienvogel, ihr ein und alles. Der Käfig war in der Eile vom Luftschutz vergessen worden.

Die Frau weinte und weinte und wollte ihren Platz nicht mehr verlassen. »Im vierten Stock rechts?« fragte ich. »Ja, der Vogelbauer hängt in der Küche an der Wand.« Nach einem skeptischen Blick auf den brennenden Dachstuhl flitzte ich los, diese Wohnungen waren vom Treppenhaus aus direkt über die Küche zu betreten, das wußte ich. Ein Feuerwehrmann konnte mich auch nicht mehr bremsen, der brüllte nur noch: »Paß uff, du Spinner, da oben bricht doch gleich die Decke ein!« Der Rauch war noch zu ertragen, als ich die Wohnung erreichte, aber über mir knackte und knisterte es beängstigend im Gebälk. Hansi saß zusammengekauert in seinem Bauer. Schnell hob ich den Käfig von der Wand und sauste affenartig mit Hansi die Treppe wieder nach unten.

Auf dem Hof angekommen, krachte im vierten Stock einiges zusammen. Oma und ihren Piepmatz sah ich dann ein paar Stunden später in einem Klassenzimmer auf der Sammelstelle wieder, der Vogel aufgeregt hopsend in seinem Käfig und die Oma ganz ruhig.

Von diesem Einsatz zurück, hieß es in der Dienststelle: »Ab in die Melchiorstraße, da sind Leute verschüttet, ihr müßt suchen helfen.« Eine Sprengbombe größeren Kalibers hatte das Wohnhaus völlig zusammenklappen lassen. Unter den Trümmern sollten sich im Kellerbereich noch Menschen befinden, aber es war kein Rankommen. Hier brannte nichts, aber trotzdem bestand Explosionsgefahr.

Viel Gerätschaft stand nicht zur Verfügung, kleine Bagger oder dergleichen gab es nicht. Im halbzerstörten Hausflur hatte sich eine Spalte gebildet. Ob man dadurch von der Seite ins Kellergewölbe klettern könnte? Von dort unten waren noch bis vor kurzem Rufe zu hören gewesen. Die Helfer hatten schon mit der Hacke den Spalt zu einem Loch erweitert, aber ein ausgewachsener Mann paßte da nicht durch. Für mich war es nicht so schwer, darin zu verschwinden. Mit einer starken Taschenlampe zwängte ich mich durch den Spalt. Unten angekommen wurde ich vor Schreck ganz starr. Aus Gesteinsbrocken, Eisenträgern und dem ganzen Schutt ragten menschliche Gliedmaßen heraus, ein fürchterlicher Anblick. Irgendwo hörte ich leises Rufen, es kam aus der äußersten Ecke des Gewölbes. Auf allen vieren kroch ich weiter, aber keine zwei Meter. Da war kein Durchkommen. Mir versagten die Kräfte. Nicht körperlich, das ging noch, nur der Ekel ließ mich erbrechen, vor mir ragte ein fast abgetrennter Kopf mit langen Haaren aus dem Schutt, und es roch intensiv nach Tosca 4711, vermutlich war ein Flacon zerborsten. Ich kroch zurück, ließ mich nach oben ziehen, beschrieb den Helfern die Lage, schlich mich davon. Restlos erschöpft legte ich mich auf eine Parkbank am Michaelkirchplatz. Die Bilder waren grauenhaft, ich erbrach mich tagelang. Und die Bilder blieben im Kopf, bis in meine dreißiger Jahre hinein, immer, wenn ich irgendwo Tosca roch.

»Wir werden weiter marschieren, bis alles in Scherben fällt, denn heute gehört uns Deutschland, und morgen die ganze Welt.«

So sangen wir eines Sonntagmorgens um neun Uhr laut und vernehmlich beim Abmarsch mit dem Jungvolkfähnlein vom Urbanplatz in Kreuzberg. Ich steckte im Fanfarenzug, der das Fähnlein anführte, und solange wir da vorne nicht spielten, mußten wir immer mitsingen. Unser Ziel war der Askanische Platz am Anhalter Bahnhof, da stand das »Europahaus«. Und so trommelten, bliesen und sangen wir im Marschschritt die Blücherstraße rauf, denn Dr. Robert Ley, der Leiter der »Deutschen Arbeitsfront«, sollte dort heute eine bedeutende Rede halten. Es war ziemlich kalt, und das Mundstück der Fanfare nahm schnell den Frost an, wurde gefährlich für die Lippen. Von allen Seiten her marschierten die Züge der HJ und der Pimpfe auf den Platz. Es war ein Höllenlärm: Kommandos wurden gebrüllt, und immer wieder wurde gesungen, gesungen vom großen Sieg. Endlich im warmen Saal, postierte unser Fähnleinführer den Fanfarenzug in der ersten Reihe vor dem Rednerpult. Stehvermögen mußte man haben, denn während solcher Veranstaltungen hieß es, stehend durchzuhalten, bis das Parolengewitter vorüber war, und das konnte Stunden dauern.

Heute vormittag aber sollte es schnell gehen, denn der Herr Arbeiterführer Robert Ley war total betrunken und wurde nach drei Versuchen, eine Rede zu beginnen, vom uniformierten Saalschutz abgetragen. Er hatte fast über dem Pult gelegen, mit einem Arm gestützt, jedes dritte Wort war in ein Genuschel übergegangen.

Ich konnte mir das Lachen kaum verkneifen, als unser Jugendführer Arthur Axmann verkündete, dem Herrn Doktor Ley ginge es heute nicht gut, er sei überarbeitet und müßte dringend Bettruhe halten. Der ganze Auftritt war peinlich, und ich war stark enttäuscht. Mein Pflichtgefühl und mein Respekt vor »hohen Tieren« bekam einen gewaltigen Knacks. Mit alkoholisierten Männern kannte ich mich gut aus, und ich widersprach meinen Kameraden, die den Herrn Arbeiterführer bedauerten. »Der ist doch eindeutig besoffen«, erklärte ich, »das ist doch sonnenklar.« »Kraft durch Freude« hatte der immer propagiert. Vom Saufen war da nie die Rede.

Na prima, bei Mutti gab's dann pünktlich Rotkohl mit Bouletten, und nachmittags im »Odeon« in der Köpenicker »Stukas«, einen Fliegerfilm, der mich wieder richtig begeisterte. Diese Flieger, das waren tolle Männer, so müßte man auch werden ...

Um Ostern 1944. Ich bin kein Schüler mehr. Eine Schulzeit ist zu Ende gegangen, die eigentlich gar keine war. Jedenfalls habe ich die Schule gar nicht richtig erlebt: die ersten vier Jahre, ja, aber was war danach? Der verfluchte Krieg hat überall seine Spuren hinterlassen. Jetzt müssen wir überlegen, wie es mit mir weitergehen soll. Maria meint, eine Lehrstelle muß her, aber was soll ich lernen? Überleben – das hab ich gründlich und täglich als Lernprogramm auf meinem Zettel stehen. Rundherum Zerstörung, Verwüstung, äußerlich und innerlich. Immer wieder Fluchtgedanken: raus aufs Land, bloß weg, raus aus dem Chaos. Die »Hitlerjugend« übernimmt mich vom »Jungvolk« und bietet auf einem Fragebogen alle Waffengattungen an. »Ein richtiger deutscher Junge gehört in die Waffen-SS«, wird uns immer wieder eingebleut. Ich will aber, wenn schon, Flieger werden. »Geht nicht zur Zeit«, sagt man. Also wirste Fallschirmjäger bei der Waffen-SS. Und eins, zwei, drei, bin ich als »Kriegsfreiwilliger« registriert, darf auf dem Achselstück der Uniform einen Streifen tragen, der mir einiges an Beachtung einbrachte.

Da stehe ich nun in Lichterfelde am Gardeschützenweg bei der »Leibstandarte Adolf Hitler«, angetreten mit weiteren »Kriegsfreiwilligen«, und erlebe die Vereidigung der drei bis vier Jahre älteren Jungens zur Waffen-SS. Feierlich legen sie das Gelübde ab, »für den Führer« auch zu sterben.

Und dann singen wir auf dem großen Kasernenhof, aufmarschiert zu Hunderten in Vierer-Reihen: »Wenn alle untreu werden, so bleiben wir doch treu«. Uns aber – die kleinen »Freiwilligen«, die wir nur als Zuschauer hierherkommandiert waren – nahm die SS nach dieser Vereidigungs-Prozedur noch mal in die

Mangel: wir hätten Aufschub bekommen, aber wir sollten wissen: »Bald steht auch ihr hier und hebt die Hand zum Schwur.«

Eine gründliche ärztliche Untersuchung folgte, ich wurde für tauglich befunden, sogar als »bald verwendungsfähig« eingestuft. Anschließend ging es in ein prächtiges Schwimmbad. Wir mußten bereitliegende Uniformen und Stahlhelme anziehen, und rauf ging es auf den Zehnmeter-Sprungturm. Ein Scharführer hatte das Kommando übernommen und befahl, von da oben in voller Montur ins Becken zu springen.

Wir standen in diesen Klamotten, mit Helm und in Stiefeln, zu viert nebeneinander, so sollten wir jetzt springen. Als keiner von uns Anstalten machte, sich nach vorne zu bewegen, brüllte der: »Ich dachte, ihr wollt Fallschirmjäger werden, ihr feigen Säcke, nu mal los, runter mit euch« und fing an, mit einem Fußtritt in den Hintern nachzuhelfen. Ich war der Letzte in der Reihe, ließ es gar nicht soweit kommen und sprang in gewohnter Jannowitzbrücke-Manier weit, ganz weit nach vorne, um nicht auf die vor mir Runtergestoßenen zu treffen. Helm und Stiefel weg war mein erster Gedanke, und das war mein Glück. Die anderen Jungens wurden von bereitstehenden Rettungsschwimmern rausgefischt.

Danach gab es ein kräftiges Mittagessen in der Kantine sowie lobende Worte über Mut und Tapferkeit. Jetzt war ich ein »Kriegsfreiwilliger« auf der Reservebank.

Durch Marias gute Beziehungen wurde ich eines Tages in den Rüstungsbetrieb »Dr. Gettwart« bei uns um die Ecke in der Köpenicker Straße vorstellig. Ein Abteilungsleiter empfing uns beide sehr freundlich, studierte meine paar Zeugnisse aus der Volksschule, wußte aber nicht, wohin mit mir. Ich hatte das Gefühl, dieser Mann, so um die Sechzig, glaubte an gar nichts mehr. Die Produktion war inzwischen zum größten Teil in die Mark Brandenburg verlagert, hier in Berlin waren nur noch die Büros. »Wir machen es dem Günter ganz einfach«, sagte er aber dann. »Er wird erst mal Bürobote bei uns, so lernt er alle Abteilungen und Berufe kennen und wird nach einem halben Jahr wissen, wie er sich entscheidet.«

Nach drei Monaten schon wurde ich aber kaufmännischer Lehrling, weil in der Abteilung »Einkauf« eine wunderschöne Stenotypistin arbeitete, in die ich mich sofort verknallte. Vorher war ich immer den ganzen Tag unterwegs gewesen, die Schreib- und Rechenmaschinen in den Luftschutzkeller zu verbringen oder, sobald der Alarm vorbei war, in den zweiten Stock zurückzutransportieren.

Die Produktion der Firma lag bei Zossen im Wald versteckt; Universalschlösser für Fallschirmjäger wurden da fabriziert. So pendelte ich täglich in der

S-Bahn raus aus der Stadt, mit einem vollgepackten Rucksack, hin und her, und erledigte meine Botengänge.

Lieber wollte ich jetzt bei ihr in der Nähe sein, im Büro! Und so war es Gerlinde, die mich einen Lehrvertrag unterschreiben ließ.

Trotz meines Lehrvertrags beschränkte sich meine Tätigkeit in der Firma dann aber doch nur noch auf Botengänge. Bis zur Frühstückspause war ich mit einer langen Bestell-Liste der Angestellten unterwegs. Mit den Lebensmittelmarken jonglierte ich rum, und bis ich alles zusammen hatte, vergingen Stunden. Natürlich wurden die Wünsche von Fräulein Gerlinde bevorzugt erfüllt. Obwohl es öfter Trinkgeld für die Besorgungen gab, lehnte ich Gerlindes Obulus mit rotem Kopf ab. Ich glaube, damit hatte ich mich ganz schön lächerlich gemacht, denn meine Verliebtheit war für alle offensichtlich. Wenn wir am Wochenende beim Chiepluch in Börnicke waren – Opa Chiepluch war Mitte der dreißiger Jahre aus Ostpreußen in die Mark Brandenburg gezogen –, hatte ich am Montag immer eine kleine Überraschung für Gerlinde: getrocknete Blumen, Pilze, einmal eine Flasche Johannesbeerwein.

Den Fahrstuhl benutzte ich nur zum Transport, ansonsten sauste ich den Treppenflur rauf und runter. Im Zwischengeschoß befanden sich die Toilettenräume: ein kleiner Vorraum mit Waschbecken, dahinter die Türen »H« und »D«. Durch die halbgeöffnete Tür zum Vorraum sah ich eines Tages – mein Herz raste vor Schreck – Gerlinde: engumschlungen, in einem Kuß versunken mit einem französischen Fremdarbeiter. Den kannte ich von Ansehen, denn im Keller waren noch Werkstätten in Betrieb, wo die Franzosen arbeiten mußten. Und dieser hier, der Gerlinde küßte, war der Schönste von allen da unten.

Eine Eifersucht stieg in mir auf, die für die beiden lebensgefährlich wurde. Ich war entschlossen, den Feind zu denunzieren. Eine deutsche Frau zu schänden, da hatte der sich aber verrechnet. Die beiden fühlten sich ertappt, ich spuckte vor ihnen auf dem Boden aus.

Völlig verstört lief ich runter an die Spree, ich heulte vor Wut.

Es war die ältere Frau Lehmann aus unserer Abteilung, die mich ganz beunruhigt abfing, bevor ich das Büro zur Mittagspause betrat: »Kommen Sie doch mal, Günter, ich bin mit Fräulein Gerlinde schon lange befreundet, sie ist mir so nahe wie eine Tochter, darum muß ich Sie sofort sprechen, ehe Sie einen Fehler machen und zwei Menschen ins Unglück stürzen.« Bockig, widerwillig hörte ich mir Gerlindes und Jacques' Liebesgeschichte an und versprach dann, an die Partei kein Wort über den Zwischenfall weiterzugeben. Für Gerlinde aber empfand ich von nun an nur noch Verachtung.

Inzwischen war es Winter geworden.

An unser Firmengelände grenzten Kühlhäuser, die letzte Nacht bombardiert worden waren. Tiefgefrorene

Rinderhälften lagen unter Schutt oder auf den Höfen herum. Aus den Trümmern ragten Fleischteile hervor, ich war mir nicht sicher, ob die nur tierischen Ursprungs waren.

Das ganze Gelände ist von SS-Wachmannschaften dicht abgeriegelt. Erst dachte ich, es handelt sich um Kriegsgefangene, die da in den Trümmern schufteten. »Das sind Sträflinge aus dem KZ Sachsenhausen«, stellte ein alter Schlosser fest, mit dem ich von einem Fenster unserer Fabrik aus die Aufräumarbeiten beobachtete, »das sieht man doch an den Klamotten.« Kalt war es, etliche Grade unter Null. Die Leute da drüben mußten entsetzlich frieren. Mit bloßen Händen arbeiteten sie, angetrieben von Wachsoldaten, die mit Ohrenschützern, dicken Mänteln, warmen Mützen und Handschuhen gut versorgt waren. Etwas abseits hatten sie ein Lagerfeuer angezündet, an dem sich die Gefangenen in kleinen Gruppen abwechselnd die Hände wärmen mußten. Ausgehungert, erschöpft schleppten sie die zu Stein gefrorenen Fleischteile zu den wartenden Lastwagen.

Am nächsten Morgen erzählte mir einer vom Luftschutz, daß die SS gestern abend einen, der abhauen wollte, mit ihren Maschinenpistolen umgelegt hätten.

Mich ließen diese armen Menschen nicht zur Ruhe kommen, ich hatte nicht einschlafen können. Eine große Tüte Kartoffeln nahm ich am nächsten Morgen mit in die Fabrik. Aus dem Beobachtungsfenster konnte ich sie mit Schwung bis zu dem Lagerfeuer werfen. Gierig stürzten sich die Gefangenen auf die

Nahrung. Ein Wachmann brüllte: »Mach sofort das Fenster zu, sonst knallt's.«

Noch zwei Tage haben wir dieses Elend mit ansehen müssen, dann kamen sie nicht mehr zurück.

Der 3. Februar 1945 sollte für uns Berliner in den Bezirken Mitte und SO16 ein denkwürdiger Tag werden. Er begann mit einem klaren, eigentlich schön blauen Himmel. Die Nacht war relativ ruhig verlaufen. Mit dem nun immer wiederkehrenden Luftangriff zwischen 19 und 20 Uhr hatten wir gestern hier in SO16 Glück gehabt, er galt nur den Bezirken im Norden der Stadt. Meistens kommen wir täglich gegen 24 Uhr aus unseren Bunkern und Schutzräumen geschlichen, um den Rest der Nacht – soweit die Wohnung noch vorhanden ist – im Bett mit dem Ohr am Drahtfunk zu verbringen; bis dahin waren Angriffe am Tage noch nicht so häufig. Der Drahtfunk war auf einer bestimmten Wellenlänge mit einem unheilschwangeren Ticken zu empfangen, da meldete sich der Divisionsgefechtstand Berlin mit der Luftlagemeldung. Wann immer ein feindlicher Bomberverband sich der Reichshauptstadt näherte, wurde über diesen Sender Voralarm gegeben. Da hieß es dann, daß anfliegende Kampfverbände sich im Raum Hannover-Braunschweig mit Kurs Ost-Südost auf Berlin zubewegten. Danach blieben uns fünfzehn bis zwanzig Minuten, um den schützenden Bunker zu erreichen. Eine deutsche Luftabwehr gab es so gut wie gar nicht mehr, und so hatten die Bomberverbände es nicht schwer, fast ungehindert Berlin zu erreichen. Täglich Fliegeralarm, damit mußten wir leben.

Alle wichtigen Sachen waren griffbereit zurechtgelegt, in wenigen Minuten konnten wir die Wohnung verlassen, wenn es im Drahtfunk hieß: »Für die Reichshauptstadt wird Alarm gegeben.« Zermürbt durch die andauernden Luftangriffe, das dadurch entstandene furchtbare Elend und das große Sterben entluden sich die Wut und der Haß der Berliner auf die Bombardierer und nicht auf die Verursacher des Krieges. Eindeutig bedroht von außen, kippte da etwas um, führte zu einem noch starreren Einverständnis mit den faschistischen Machthabern. Propagandaminister Goebbels verstand es hervorragend, mit seinen Hetzreden die Mehrheit des Volks auf seine Seite zu ziehen. Abgeschossene amerikanische und britische Piloten wurden immer häufiger gelyncht, mit Heugabeln getötet, an Bäumen aufgehängt. Alle hatten vergessen, daß es die Deutschen waren, die den totalen Krieg gewollt und begonnen hatten, und daß große englische Städte wie Coventry schon 1940 von deutschen Bomberpiloten dem Erdboden gleichgemacht worden waren.

Die teuflische Fracht der feindlichen Flugzeuge bestand aus Luftminen, Sprengbomben, Brandbomben und Phosphorkanistern. Wir, die Zivilbevölkerung, waren diesen Waffen fast schutzlos ausgeliefert, die wenigen Bunker überfüllt. Die meisten Menschen verbargen sich in notdürftig hergerichteten Kellerräumen und U-Bahnschächten, dennoch hielt der Tod reiche Ernte.

Gegen Mittag, elf oder zwölf mochte es gewesen sein, gab es über Drahtfunk wieder Voralarm: »Mehrere große feindliche Kampfverbände befinden sich im Anflug auf Berlin.« Ich raste los, um Muttern zu verständigen. Die war im Keller in der Waschküche damit beschäftigt, die großen Kupferkessel mit Brennholz und Briketts anzuheizen. Routinemäßig griffen wir unsere Habseligkeiten und entschlossen uns für heute, die stabilen, gut unterkellerten Schutzräume der »Arbeitsfront« aufzusuchen, die fünf Häuser weiter lagen. Über die Straße, über die Höfe rannten wir den Schutzräumen entgegen, oft entschieden wir uns erst im letzten Moment für den einen oder anderen Bunker, heute war er keine zehn Minuten von der Wohnung entfernt. Von einem Hinterhof führte eine steile Treppe fast dreißig Stufen hinunter unter das sehr massiv gebaute Gebäude der »Deutschen Arbeitsfront«, der Nazi-Gewerkschaft. Einen guten Platz mußte man finden, möglichst unter Mauerbögen oder Türrahmen, die geben den besten Schutz.

Mutti hatte einen Platz in der Ecke eines kleineren Raums ergattert und sich schnell eingerichtet, nicht ideal, aber mit unseren Decken und Kissen war es ein halbwegs gemütliches Plätzchen,die anderen waren eben schneller gewesen. Mich trieb die Neugierde noch mal nach oben, gucken, ob ich am klaren Himmel die feindlichen Bomber entdecken konnte. Hier oben am Eingang standen zwei ältere Männer und der zuständige Luftschutzwart herum, denn es gab tatsächlich etwas zu sehen: Mehrere Bombergeschwader, auch »Pulks« genannt, standen fast auf der Stelle hoch oben am Himmel über der Stadt. Jeder Pulk, bestehend aus zehn, fünfzehn Maschinen, hing da oben und bewegte sich nicht, jedenfalls wirkte das so. Ein drohend gleichmäßiges Brummen kam von da oben herunter, wir starrten wie gelähmt in den sich immer weiter verdunkelnden Himmel, plötzlich blitzte es gleichmäßig an allen Maschinen da oben auf. Es sah aus, als würden sich alle Flugzeuge für einen Moment rückwärts bewegen. Der Rückstoß nach dem Ausklinken der Bomben.

Es setzte ein Pfeifen und Sausen ein, und ich landete mit einem Hechtsprung am unteren Ende der Treppe, die vormilitärische Ausbildung der Hitlerjugend kam jetzt zum Tragen. Der Luftschutzwart und die beiden Alten hatten es gerade noch geschafft, die Tür zuzuschlagen und ebenfalls die Treppe herunterzustürzen, der Luftdruck einer Mine hatte sie zusätzlich weiter befördert, eine Luftmine mußte in unmittelbarer Nähe runtergekommen sein. Wir konnten uns noch in den Schutzraum retten, einer der Männer schaffte es gerade noch, die Gasschleuse zu verschließen. Mit der nächsten Detonation landete auch eine Backpfeife in meinem Gesicht, abgefeuert von meiner verzweifelten Mutter. Die Erde begann zu zittern, und eine Detonation folgte der anderen; so ging es weit über zwei Stunden. Die Leute beteten, jammerten und weinten hemmungslos, man kroch, rollte sich zusammen, machte sich so klein wie möglich, lauter

Embryos. Mutti und ich hielten uns fest umklammert, summten laut irgendein Lied, um alles andere zu übertönen. Die ältere Dame uns gegenüber begann so sehr zu zittern, daß ihr kleiner Hund, den sie fest in den Armen hielt, sich mit Bissen in ihr Gesicht aus der Umklammerung befreite. Unterdrückt jaulend und winselnd verkroch er sich unter einer alten Couch. Da oben konnte kein Stein mehr auf dem anderen sein.

Dann kehrte Ruhe ein. Die Beleuchtung war ausgefallen. Im Dunkeln so dasitzen und die schlagartig eingetretene Stille zu empfinden tat gut, wir fühlten uns wie neugeboren. Einige Taschenlampen blitzten auf, ihr Licht getrübt durch den aufgewirbelten Staub, die Stimme des Luftschutzwarts, ob alles in Ordnung sei. Noch konnte keiner antworten, irgendeiner murmelte, ja ja. Es dauerte noch etwas, bis Mutti sagte: »Haben wir wieder mal Glück gehabt, Bengel.« Und ich dachte: Wie lange soll das noch so gehen? Und: Wenn wir das alles überleben, wirste Bauer, lebste in der Natur weit weg von den Menschen mit ihren Kriegen, und ich dachte an Masuren. Stumm, fast lautlos begannen die Leute, ihre Habseligkeiten einzusammeln, und machten sich vorsichtig auf den Weg in Richtung Ausgang, ungewiß, noch ein Zuhause zu haben.

Plötzlich gab es einen Rückstau, die Gasschleuse hatte sich durch die Erschütterungen verzogen und ließ sich nicht öffnen. Jetzt drehte der Luftschutzwart durch, vielleicht ein verzögerter Schock, eine Art Schüttelfrost hatte ihn gepackt. Er stand da, rief »Aufmachen,

aufmachen! Sanitäter, wir wollen hier raus!« Es folgte eine Ohnmacht, er sackte einfach zusammen.

Es entstand eine Unruhe unter den Leuten, Panik drohte auszubrechen, jetzt wollten wir alle nur noch raus, und das so schnell wie möglich. Alles drängte nun wieder zurück in die Räume, als aus dem entgegengesetzten Teil des Kellers eine männliche Stimme rief: »Nun bleibt mal alle ganz ruhig, hier hinten gibt es einen Notausstieg, hier kann einer nach dem anderen rausklettern.« Es dauerte, bis wir an die Reihe kamen, es waren hier bestimmt fünfzig Leute untergekommen, und wir am Ende der Schlange. Der, der da gerufen hatte, war ein großer kräftiger Mann, dem der rechte Arm fehlte; er strahlte eine wohltuende Ruhe auf uns aus. Für die Älteren war es nicht einfach, durch den Schacht nach oben zu klettern, in der Wand eingelassene Eisenbügel dienten als Leiter, und bis zur Luke oben waren es mindestens vier Meter. Der Einarmige half, so gut er konnte, Mutti und ich standen ebenfalls am Schacht und gaben den Müttern mit kleinen Kindern Hilfestellung. Wir kamen so ziemlich als letzte da oben raus.

Ich glaube, wir hatten Angst vor der Wirklichkeit und wären am liebsten unten geblieben. Inzwischen war es drei Uhr nachmittags und stockdunkel, der Himmel in dickem schwarzem Rauch gefärbt, ein beißender Qualm, der in den Augen brannte und uns die Luft zum Atmen nahm. An allen Ecken brannte es lichterloh, die Straßen waren kaum begehbar, verzweifelte Menschen irrten weinend durch die Trümmer und suchten ihre Angehörigen. Der Funkenflug brachte die Brände in noch intakte Häuser, die Feuerwehr kam nicht zum Einsatz, weil die Straßen zerbombt und durch den Schutt nicht befahrbar waren.

Da wir den Luftschutzkeller von der anderen Seite her verlassen hatten, näherten wir uns auf einem Umweg unserem Wohnhaus am Michaelkirchplatz. Es stand noch da, aber in was für einem Zustand: Ein Bombentrichter von acht mal acht Metern Durchmesser und zwei bis drei Meter Tiefe hatte den Verlauf unserer Straße unterbrochen, nur wenige Meter fehlten bis zu unserem Haus, die Fenster waren durch den Luftdruck mit den Rahmen nach innen geflogen, die Wohnung zum größten Teil demoliert, nur die nach dem Hof gehenden Fenster waren noch einigermaßen erhalten, die Glassplitter in der ganzen Wohnung verteilt. Woher nahmen wir die Kraft, sofort mit der Aufräumungsarbeit zu beginnen?

In spätestens vier Stunden war der nächste Angriff fällig, die Nächte kalt, und der Brandqualm fraß sich in die Räume. Als erstes die Fensterhöhlen abdichten und eimerweise Glasbruch rausschleppen. Helfer gab es genug, denn die, die keine Bleibe mehr hatten, packten mit an. So waren wir mit dem Gröbsten um halb acht fertig, fünf ausgebombte Nachbarn aus der Melchiorstraße hatten sich für die nächsten Tage bei uns einquartiert. Berlin Mitte und SO16 standen in Flammen, als die nächste Angriffswelle ihre Bomben auch noch in dieses Jammertal abwarf. In der Köpenicker Straße sollte noch ein intakter Luftschutzkeller sein, wußte einer unserer »Untermieter« zu berichten. Wir liefen und stolperten über Trümmer, Balken,

Eisenträger und verkohlte Leichen in den neuen Bunker, denn auch dieser Angriff begann pünktlich wie eine Theatervorstellung.

Auch dieses zweite Massaker war wie immer gegen 23.30 Uhr zu Ende. Aber für uns sollte es etwas länger werden, denn dieser neue Luftschutzkeller in der Köpenicker erwies sich eher als Attrappe. Ich war sofort skeptisch, als wir über den Hof kamen und auf den Eingang dieses Schutzraums zusteuerten, der ganz hinten in der Ecke lag. Bei der spärlichen Beleuchtung und dem von Bränden immer noch erhellten Himmel erkannte ich schnell die Untauglichkeit dieser Anlage. Es war eine zugemauerte Souterrain-Etage, die Hälfte der Räume zu ebener Erde. Die Fenster waren zubetoniert, und an der Wand daneben waren die Räume durch dicke weiß gemalte Buchstaben als LSR ausgewiesen, Markierungen für die Suchtrupps, um Verschüttete schneller zu finden. Dort befanden sich auch die Notausstiege. Nach meinen Erfahrungen mit diesen Trupps in den letzten Monaten war hier kein großer Schutz zu erwarten.

Mittags bei der Arbeitsfront hatte es noch die meterlange Treppe gegeben, die in die Tiefe führte, hier waren es höchstens acht Stufen. Eine Schar versprengter, verwirrter Menschen kam an, die sich schnell und routiniert der drei langgestreckten Räume bemächtigte, die durch zwei Gasschleusen voneinander getrennt waren. Mit unseren neuen »Untermietern« waren wir sieben Leute, die hier Unterschlupf fanden. Die Frisörfrau Reiter mit ihrer kleinen Tochter Hilde aus der Melchiorstraße blieb gleich im ersten vorderen Raum, wir fanden im mittleren unseren Platz. Ich war eigentlich froh, daß die kleine Hilde und ihre Mutter vorne blieben, denn die Kleine war in ein lautes Dauerweinen geraten und ging ganz schön an die Nerven.

Erschöpft von der Aufräumungsarbeit schlief Mutti sehr schnell ein, ich blieb wach, denn eine tierische Unruhe überkam mich, der Gang eines Tiers an den Gitterstäben. Es blieb uns nichts weiter übrig, als alles über uns ergehen zu lassen, ausgeliefert waren wir. Alle paar Minuten guckte ich auf unseren Wecker, aber es ging nicht voran, die Zeit läßt sich nicht treiben, die braucht ihre Zeit. Auf den Gesichtern der Menschen hier unten hatte sich Apathie breitgemacht, es war still geworden, wir waren sprachlos. Die Einschläge waren nicht ganz so nah wie am Mittag, eher auf der anderen Seite der Spree, vielleicht am Schlesischen Bahnhof? Draußen brannten die Straßen, den Verletzten konnte keiner helfen, und die Sterbenden starben allein im Bombenhagel, in den sich keiner hinauswagte.

Im vorderen Raum hätte jemand ein Transistorradio, sagte mir einer, man könnte dort die Meldungen des Drahtfunks hören! Gleich lief ich da rüber, um den Stand der Dinge zu erfahren, vergaß aber, die Gasschleuse hinter mir zu schließen, und wurde von einem, der da das Sagen hatte, fürchterlich zusammengeschissen: »Ihr habt wohl zu Hause Säcke vor der Türe, watt? Du Pfeife.« Kleinlaut konterte ich: »Det stimmt, Alter, aber erst seit heute mittag.« Frau Reiter und noch ein paar Leute lächelten mir zu, der

Alte brüllte: »Ruhe, da kommt ne Meldung durch.« Da hieß es, daß die feindlichen Verbände im Abflug wären und in Kürze für Berlin mit Entwarnung zu rechnen sei. Na endlich, darauf hatten wir doch alle gewartet.

Ich dachte noch, daß die kleine Hilde in unserer Wohnung einen Extraplatz kriegen sollte, wo sie zur Ruhe kommen könnte, sagte noch: »Bis gleich«, verließ den Raum und verschloß ordnungsgemäß die Gasschleuse. Es muß eine einzelne sich im Abflug befundene Feindmaschine gewesen sein, die den Rest ihrer Bombenlast in dem Moment abwarf, als ich die Schleuse wieder verrammelt hatte, Sekunden später durchschlug eine Sprengbombe die Hauswand und explodierte in der eben von mir verlassenen Unterbringung. Die Sprengkraft und der Luftdruck schleuderten die Schleusentür zu uns rüber, die war aus den Angeln rausgedrückt worden.

Nachdem sich der Staub etwas gelegt und die kurzen Minuten der Lähmung vorüber waren, ergriff Maria zuerst die Initiative. Wir hatten Glück, außer ein paar Hautabschürfungen war uns beiden nichts passiert. Mit Spitzhacke, Brecheisen, Schaufeln und in einem wahnsinnigen Tempo fingen wir an, uns zu befreien. Meine Mutter feuerte die anderen Leute an, sich zu bewegen und die mit Mauerresten, Schutt und Geröll versperrte Schleusenöffnung freizuschaufeln, ihr Wahlspruch lautete wieder mal: »Biste Jottes Sohn, dann hilf dir selber.«

Es brauchte nicht viel Zeit, die Trümmer wegzuräumen, und der Blick in den zerstörten Raum da drüben war frei. Die Menschen waren zerfetzt, der böllernde Alte mit seinem Radio, Frau Reiter, ihre kleine Hilde, die anderen, alle waren tot, verstümmelt, zur Unkenntlichkeit zerrissen. Hier war nichts mehr zu helfen. Auf allen vieren kriechend, erreichten wir das Draußen, bekamen wieder Luft, verbrannte Luft, egal, uns hatte es wieder mal nicht erwischt.

Ein Wunder? Ja, das muß es gewesen sein. Wir hatten nur noch drei »Untermieter«, Hildchens und Frau Reiters Platz wurden bald wieder belegt. Wir, die Übriggebliebenen, trauerten ein paar Tage, Beerdigungen gab es schon lange nicht mehr.

Fast ungehindert von der »Reichsverteidigung« fliegen jetzt die anglo-amerikanischen Luftflotten ihre Angriffe gegen die Zivilbevölkerung. Mister Churchill und das alliierte Oberkommando waren ja der Ansicht, daß, wenn möglichst viele Menschen umkommen, wenn möglichst viele Dörfer und Städte im Schutt versinken, das deutsche Volk demoralisiert werde. Dann würden die Deutschen so mutlos werden, daß Hitler mit diesem entmutigten Volk den Krieg nicht mehr weiterführen könnte.

Genau das Gegenteil trat ein: Leute, die den Naziparolen mißtrauisch gegenübergestanden hatten, neigten jetzt dazu, der Goebbelspropaganda zu glauben. Die hieß: »Die Feinde, die Alliierten kämpften nicht gegen die Wehrmacht, sondern sie kämpfen gegen das Deutsche Volk.« Und das waren wir, Frau Reiter, die kleine Hilde und die anderen Toten aus dem LSR in der Köpenicker, das war eine Handvoll der Millionen Opfer dieser wahnsinnigen Strategien dieser immer kranken Politikerhirne.

Abscheulich ist dieser Krieg, ist jeder Krieg, egal unter welchem Deckmantel er auch geführt wird. Das wurde dem Hitlerjungen Günter Lamprecht in diesen Tagen langsam klar.

Der Endsieg erschien mir nach Lage der Dinge immer unwahrscheinlicher, denn die Russen sollten ja schon bis an die Oder vorgedrungen sein. Bis vor ein paar Wochen, als die Schule noch nicht zerbombt war, trafen wir uns dort täglich mit einem schwerbeschädigten Lehrer und verglichen anhand einer Landkarte den Wehrmachtsbericht, mit bunten Nadelköpfen steckten wir den Frontverlauf ab. Die Armee befand sich auf dem Rückzug, in den Nachrichten nannte man das »Frontbegradigung«.

Der Schulunterricht beschränkte sich nur noch auf solche Tätigkeiten. Jetzt hatte ich in meinem demolierten Zimmer selber eine große Karte hängen, um solche strategischen Spiele zu spielen. Meine inszenierten Luftkämpfe an der Zimmerdecke gab es allerdings nicht mehr, wenigstens dieser Krieg war längst beendet, durch die Erschütterungen der realen Angriffe war alles am Boden gelandet und zerstört.

Langsam gingen die Ängste verloren, wir wurden stumpfer, stupider. In Berlin ging zur Weihnachtszeit ein Satz um: »Praktisch denken, Särge schenken!« Die Angst für den Moment war zwar noch da, aber der Ausgang des Krieges, die Zukunft, wollte im Kopf keine Gestalt annehmen. Eigentlich egal, wer da Sieger wird, nur nicht mehr leiden, dieses Chaos beenden, dachte ich an manchen Tagen. Aber was machen dann die Sieger, die Russen mit uns? Also doch weiterkämpfen, mit Hitler siegen oder untergehen? Auf jeden Fall praktisch denken.

Im Laufe des Vormittags hatten sich Grüppchen von Überlebenden und noch nicht Ausgebombten zusammengefunden. Der Oberpfaffe, so wurde zu dieser Zeit ein Geistlicher respektlos genannt, hatte unterhalb des Kirchturms auf der Plattform eine noch nicht explodierte Sprengbombe entdeckt, ein Blindgänger! Dieses Ding bedeutete Gefahr für die noch übriggebliebenen, umliegenden Wohnhäuser, unsere Wohnung lag zirka 25 Meter Luftlinie von dieser Stelle entfernt.

Die Sprengkommandos waren nicht zu erreichen, wahrscheinlich überlastet, und so diskutierten die Leute, was jetzt zu machen sei. Wir Jungens waren in letzter Zeit bei der Hitlerjugend im Bereich Luftschutz ausgebildet worden, mehrere Brand- und Magnesiumbomben hatten wir schon entschärft, jetzt wollte ich den Helden spielen und die Sache auf dem Kirchturm in die Hand nehmen. Mit meinen Freunden Hotte und Werner aus der Nachbarschaft beschlossen wir, den Turm zu besteigen, mit der festen Absicht, die Bombe zu entschärfen. Irgendwie hatten es die beiden geschafft, der HJ fernzubleiben. Ich war durch Willis Parteizugehörigkeit und seine Regimetreue immer schon gelackmeiert.

Mit einem Hammer, einer Rohrzange und einem Meißel in der Tasche begann das Unternehmen »Kirchturm«. Inzwischen war es schon später Nachmittag geworden, und wir mußten uns beeilen, denn es wurde früh dunkel. Irgend jemand hatte von unserem »Einsatz« Wind bekommen, denn auf halbem Wege wurde uns von unten zugerufen, wir sollten sofort wieder runterkommen. Hotte und Werner verließen mich dann auch sehr schnell. Ich nannte sie »Hosenscheißer, feige Hunde« und kletterte enttäuscht weiter nach oben.

Da lag sie nun vor mir, diese riesige Bombe, bestimmt anderthalb Meter lang und achtzig Zentimeter dick. Vorsichtig umkreiste ich das Ding, nahm den Zünder genau unter die Lupe. Nee, det wird nischt mit meinem Werkzeug, wurde mir klar. Während ich noch überlegte, wie ich weiter vorgehen sollte, wurde ein wütendes Hundebellen lauter, kam näher. Jetzt hörte ich nochmals und energischer rufen: »Sie haben sofort, aber auch sofort den Turm zu verlassen«, wenn nicht, würde ich geholt werden und könnte mich auf was gefaßt machen! Schon eine Minute später stand dieser geifernde Köter vor mir, kläffte mich an, und ich erstarrte zur Salzsäule. Dann erschien der Hundeführer auf dem Treppenabsatz, ein Waffen-SS-Mann, der mich sehr freundlich und ruhig aufforderte, mit ihm den Turm zu verlassen. Er pfiff den knurrenden Köter zu sich, ließ mich passieren, und wir begannen den Abstieg.

Mit dem Schäferhund »Adolf« im Nacken gab es für mich kein Entkommen. Als wir unten ankamen, stand da ein »hohes Tier« der Waffen-SS, vielleicht Sturmbannführer, Herr Kurt Fromme. Ziemlich beleibt, stramm und fest stand er da, mit einer Reitgerte spielend. Den hatte ich in den letzten Tagen schon ein paarmal gesehen, er war in der Dienststelle der Ortsgruppe einige Häuser weiter von uns mit einer Gruppe Untergebener stationiert. Wahrscheinlich trafen die dort Vorbereitungen für den »Endkampf«, der »Volkssturm« mußte aufgestellt werden. Außerdem standen da noch ein paar Uniformierte, auch ein Polizeibeamter vom zuständigen Revier, der mich gut kannte, aber trotzdem lauthals meine Personalien aufnahm. Er setzte sich vor dem hohen Tier mächtig in Szene.

Die Reitgerte des Herrn Fromme traf mich ins Gesicht, am Hals, ich ging blitzartig in Deckung, das verstand aber der Hund »Adolf« falsch und biß mir ins Bein. Nachdem ich nochmals eine Portion Prügel bezogen hatte, wurde mein Werkzeug beschlagnahmt und ich nach Hause geschickt, mit der Auflage, in einer Stunde »mit einem Erziehungsberechtigten in seinem Büro anzutanzen«, so brüllte er wörtlich, der Herr Sturmbannführer. Ich sammelte alle meine Kräfte für ein zackiges »Heil Hitler« und verschwand auf dem Absatz. »Adolf« kläffte mir hinterher. Eigentlich hätte ich doch einen Orden verdient, ging es mir durch den Kopf, aber die nächste Prügel kommt bestimmt – bei Mutti.

Zu Hause war alles in Bewegung. Hier wurde noch gehämmert, gereinigt und die Möbel gerückt, jeder war emsig bemüht, für sich einen kleinen eigenen Raum zu schaffen; mit quer gespannten Bettlaken steckte man die Grenzen ab. Alle wollten schnell fertig werden, um für den nächsten Angriff um halb acht vorbereitet zu sein. Vollkommen zerknirscht, niedergeschlagen, betrat ich die Wohnung. Daß meine Unternehmung für viele Menschen hätte tödlich sein können, daran hatte ich überhaupt nicht gedacht, ich war der festen Überzeugung, daß ich diese Bombe einfach entschärfen konnte.

Erst langsam fing ich an zu begreifen, was für einen Mist ich gebaut hatte. Da stand ich jetzt in dem Gewühle, drückte mich herum wie ein scheißender Köter und wußte nicht, wie ich das gerade Erlebte Muttern erzählen sollte. Jemand fragte mich, wo denn der große Hammer sei, der wurde dringend benötigt. Ich konnte nicht antworten, stumm stand ich da, als Mutti mich fragte, wo ich so lange gewesen sei. Die Striemen in meinem Gesicht fielen ihr auf, wo die wohl herkamen, wollte sie wissen. Am liebsten hätte ich kein Wort darüber verloren, mich nur mit meiner langsam dämmernden Einsicht in irgendeine Ecke verkrochen.

Aber Maria verwandelte sich gleich in eine kampfbereite Glucke, sie sah ihr Küken bluten und ging sofort zum Angriff über, als ich ihr endlich meine Geschichte mit der Bombe und diesem Fromme gestanden hatte. Und sie schlug mich nicht! Unserer Nachbarin rief sie zu: »Wir kommen gleich wieder, ich muß mit dem Jungen mal schnell zu dem Vollgefressenen von der SS, der jetzt das Büro der Ortsgruppe besetzt hat.«

Herr Fromme war für Mutti kein Unbekannter: »Das ist doch der, der hier seit Tagen den Napoleon spielt und meine Kollegin hat abholen lassen.« Diese Arbeitskollegin war Marias beste Freundin. Gertrud Wölfling hatte in Schöneberg in einer Kellerwohnung gelebt und war für mich inzwischen eine wunderbare Nenntante geworden. Ihr Mann war schon vor Jahren als überzeugter Kommunist ins Konzentrationslager Oranienburg verschleppt worden. Später schickten sie ihn mit einem Strafbataillon an die Ostfront. Er kam nie wieder zurück.

Meine Bombensache kam Maria gelegen – diesem Fromme, diesem Hund, diesem Schwein, wollte sie schon lange mal so richtig die Meinung sagen. Die Diensträume der Ortsgruppe waren von unserer Straße aus zu ebener Erde zu betreten. Seit einem Monat war jetzt hier die SS einquartiert, ein Ladenlokal mit drei hintereinander liegenden Räumen. Hinten, im letzten, residierte der Sturmbannführer Kurt Fromme. Auf unserem kurzen Weg dorthin beobachtete ich, wie die Gesichtszüge meiner Mutter eine beängstigende Entschlossenheit annahmen. Plötzlich fühlte ich mich schuldig, wollte sie beruhigen. Es gelang mir nicht, sie versteinerte noch mehr. Dort angekommen, verlangte sie vom Wachhabenden den sofortigen Durchlaß zu seinem dicken Vorgesetzten, sie sei bestellt und hätte keine Zeit, denn der nächste Bombensegen wäre schon unterwegs, und Schutzräume für das Volk gebe es ja sowieso immer weniger. Der Untergebene versuchte, ihr den Weg zu verstellen, doch Maria befand sich auf einem unaufhaltsamen Vormarsch. Auch die anderen Männer der Waffen-SS waren ziemlich perplex, und so gelangten wir ohne Stopp in die Höhle des Löwen.

Der Schäferhund »Adolf« sprang auf und brachte uns zum Stehen. Sein Interesse galt vor allem mir, seinem Opfer von vor einer Stunde. Gott sei Dank hatte ich den Biß in meiner Wade Maria noch nicht gezeigt.

»Adolf«, das Biest, wurde zurückgepfiffen und zähnefletschend in eine Kammer gedrängt. Fromme, der sich gerade in einer Lagebesprechung befunden hatte, schiß seine Untergebenen zusammen, was für Arschlöcher sie doch wären, diese Leute hier einfach durchzulassen. »Adolf« in der Kammer kläffte, Fromme brüllte, und ich war mal wieder kurz vor dem Pinkeln und Weinen. Nur Maria schien sehr ruhig und verlangte eine Begründung für Frommes Schläge in mein Gesicht.

Ja, ja, ich hatte doch inzwischen verstanden, daß ich blöd gehandelt hatte, und dachte, bloß weg hier, denn Maria war zu allem fähig. Die Vorwürfe des dicken Fromme waren doch berechtigt, was die Bombe betraf. Aber nichts davon kam bei Mutti an, die hatte andere Argumente: daß er ein feiger Hund sei und Kinder schlage, und weil der Russe schon bis Frankfurt/Oder vorgedrungen wäre, sollte er doch da hingehen, sich da austoben und nicht die sowieso schon geschundene Bevölkerung tyrannisieren und verfolgen ...

Maria war dabei, sich um Kopf und Kragen zu reden! Die Rettung brachten die amerikanischen Bomber. Ein Wachhabender stürzte herein, meldete den Fliegeralarm, den erneuten Angriff auf Berlin. Es war wirklich die Rettung, denn Maria war gerade im Begriff, ihre Handtasche dem SS-Sturmbannführer um die Ohren zu hauen. Der brüllte noch: »Sie kommen ins Konzentrationslager, da können Sie sich drauf verlassen, wir sprechen uns noch, Sie werden sich noch wundern, was wir alles können.«

Es entstand Panik, fluchtartig verließen wir beide die Ortsgruppe in Richtung Moritzplatz, in die U-Bahn. Draußen auf der Straße standen zwei Kübelwagen mit laufendem Motor, die Fromme und seine Mannschaft aufnahmen. Wohin die fuhren, war mir im Moment nicht klar, jedenfalls sausten sie ein paar Minuten später an uns vorbei in Richtung »Mitte«. Mutti und ich landeten in einem stillgelegten U-Bahnschacht in der Dresdener Straße. Meine Mutter wußte von unseren »Untermietern«, daß hier ein neuer Schutzraum eingerichtet war. Wir kamen beide total erschöpft an, fanden am Boden einen Liegeplatz, und unsere Nerven fingen an, verrückt zu spielen. Ich hatte Zuckungen in den Beinen, und Mutti wurde von Weinkrämpfen geschüttelt.

Meine Angst wurde immer schlimmer: Ob Fromme morgen meine Mutter abholen läßt? Für mich war klar, da gehst du dann mit. Unsere Körper waren so erschöpft, wir schliefen auf der Stelle ein. Ein Bombenhagel ging über uns nieder. Volltreffer. In einer Ecke war die Decke durchschlagen, ein Loch von zwei Metern ließ uns den Nachthimmel sehen. Kaum hatte sich der Staub gelegt und wir waren wieder bei Besinnung, fing Mutti mit der Bergung der Verletzten an, es gab auch viele Tote.

Am nächsten Morgen wollte sie sich den Staub aus den Haaren waschen, aber das sollte nicht gelingen. Ihr Haar blieb weiß bis an ihr Lebensende.

Der gefährliche Zusammenstoss mit dem Sturmbannführer Fromme liegt schon drei Monate zurück. Auch Ostern ist längst vorbei, wir haben Mai, und Berlin liegt in den letzten Zuckungen. Aber was für Zuckungen! Hier bei uns auf dem Hauptverbandsplatz im Bunkergeschoß der Reichsbank tief unter der Erde ist eine Hölle entstanden. Alle Räume und Gänge sind belegt und verstopft mit Schwerverwundeten, mit Sterbenden. Das unaufhörliche Trommelfeuer und die Bombardements der letzten acht Tage, das widerliche Sausen der Stalinorgeln richtete sich jetzt nur noch auf den Kern, Berlin Mitte. Die Außenbezirke waren schon vor Tagen von der Roten Armee eingenommen worden.

Das Reichsbankgebäude lag in der Kurstraße, gleich hinter der Fischerinsel. Der Spittelmarkt, der Dönhoffplatz, die Leipziger Sraße bis zum Potsdamer Platz und vom Tiergarten, Pariser Platz, Unter den Linden bis zum Alex, Berlin Mitte – nur noch wenige Quadratkilometer bildeten den Rest von Großdeutschland. Es ist zum Sammelbecken der letzten Soldaten aller Waffengattungen geworden. Hier gab es kein Entrinnen mehr, Tod oder Gefangenschaft. Die Tage der Männer von der Waffen-SS waren wirklich gezählt.

Der Spittelmarkt ist durch massive Panzersperren

blockiert, und eine Kette zerstörter T34 macht das Durchkommen der russischen Infanterie zur Leipziger und weiter zur Wilhelmstraße in die Reichskanzlei vorläufig unmöglich.

Die Panzersperre in der Wallstraße ist meine Anlaufstelle, Verwundete abzuholen. Es war ein Sanitäter, auf dessen Befehl hin ich mich mit ihm von dem schützenden Bunker in der Kurstraße zur Sperre durchschlagen sollte. Vereinzelte Rotarmisten hatten es geschafft, die Linie zu durchbrechen, und eröffneten nun als Heckenschützen aus dem Hinterhalt aus zerstörten Häusern das Feuer. Wir bekamen von »unseren« Maschinengewehren Feuerschutz und rasten, rasten los um unser Leben. Der Sani schleppte eine zusammengerollte Trage mit sich. Aber dann zurück. Die Trage beladen, rannten wir mit halbem Tempo in gebückter Haltung zurück. Während wir rannten, konnte ich plötzlich beten, laut beten, der verwundete Landser auf der Trage wimmerte und winselte vor Schmerzen. Sein rechtes Bein war zertrümmert, bestand nur noch aus einer leblosen Masse, zerquetscht und blutig. Der Sani, der vorne rannte, brüllte uns beiden über die Schulter zu: »Haltet die Schnauze, verdammt noch mal, ihr seid ja schlimmer als die Stalinorgeln.«

Wir sind in unserem Bunker gelandet, und ich blutete unter dem rechten Arm. Unser schwerverwundeter Landser wurde ruhig gespritzt und mußte in der langen Reihe Verwundeter vor den beiden improvisierten OPs warten. Zwanzig bis dreißig Schwerverletzte lagen am Boden aufgereiht auf Matratzen. Der Sani besorgte zwei Becher Pulverkaffee, besah sich meine kleine Verletzung und sagte: »Glück gehabt, Streifschuß.« Es war wirklich nicht der Rede wert. Und dann sagte er noch: »Det Beten is anscheinend jar nich so falsch, et hilft.«

In den nächsten Tagen brauchte ich nicht mehr mit raus, nur noch im Innenhof sollte ich zusammen mit einer jungen Krankenschwester die auf dem Hauptverbandsplatz Verreckten in einen Bombentrichter »verbringen«, manchmal waren es an einem Tag bis zu dreißig Soldaten. Mit Gerda, der Krankenschwester, ist mir dann etwas bis dahin noch Unbekanntes passiert; etwas Schönes, etwas alles-um-uns-herum-vergessen-Machendes, ein minutenlanges Versinken in Wonne.

»Es ist nichts weiter als ein Meldegang, eine Art Kurierdienst«, sagte Rudi, ein Unteroffizier der Wehrmacht. »Du bringst diese Aktentasche von dem hier auf dem Blatt bezeichneten Punkt A zu Punkt L.« Mit dieser Zeichnung versehen, machte ich mich auf den Weg. Die Tasche war vollgestopft mit Ordnern und Papieren und gar nicht so leicht, wie sich später herausstellte. Eine Parole gab mir Rudi auch mit auf den Weg: »Hasenfuß« sollte mir sämtliche Türen öffnen.

Dicht am Haupteingang des Reichsbankgebäudes vorbei führte mich mein Weg zur gegenüberliegenden Seite des Eingangs. Hunderte von Zivilisten lagen am Boden und hatten hier Schutz gesucht, fast nur Frauen, Kinder und ältere Menschen. Durch eine kleine Stahltür betrat ich eine Art Treppenhaus, ging einige Treppenabsätze nach oben und landete an einem gut mit Sandsäcken geschützten MG-Nest. Es war einer der Ausgänge, die zur Spree rausführten, direkt zu der alten Zugbrücke.

Bei dem MG-Schützen wollte ich die Parole loswerden, aber der war überhaupt nicht daran interessiert, sie abzufragen. Drei ältere Soldaten waren in diesem Nest versteckt, einer von ihnen – bestimmt ein abgebrühter Frontsoldat – sagte müde: »Verpiß dich hier, Kleener, mach, daß du wieder runterkommst, sonst kneifste noch am letzten Tag den Arsch zu, geh zu Mami.«

Eigentlich keine schlechte Idee, dachte ich, und es war auch kein Problem, zu Mami zu gehen, denn Maria und Uschi waren im diesem Bunker hier untergebracht, wenn auch in einem ganz anderen Trakt. Aber, da war sie, meine Verantwortung, das Ehrenwort, ein Versprechen halten zu müssen, eingebleut bei den Pimpfen und von der Hitlerjugend immer wieder abverlangt. Ich hatte dem Unteroffizier versprochen, diese Aktentasche nach Punkt L zu bringen. Hier oben war ich laut Zeichnung falsch, ich mußte sowieso wieder runter. Die Treppe, der Aufgang war zwar richtig, aber ich hatte die Zeichnung falsch gelesen, der Pfeil zeigte nach unten. Am Ende der Treppe, es waren drei Etagen tiefer, stand ich vor einer halbgeöffneten Gasschleuse. In meiner Zeichnung korrekt vermerkt, ging ich dort hinein und betrat einen langen Gang. Am Ende wieder eine Gasschleuse. Da mußte ich durch, aber das Ding klemmte fürchterlich.

Kein Mensch hielt mich auf, alles war wie ausgestorben, die Räume rechts und links leer und verlassen. Durch die geöffneten Türen sah ich ausgeräumte Regale. Das mußten Vorratskammern sein, die waren jetzt leer bis auf einige Kartons, die in dem verwüsteten Durcheinander noch übriggeblieben waren, Konserven aus Heeresbeständen, zertrampelter Zwieback, Tütensuppen, ja es roch nach Maggi und so nem Zeug.

Mein Herz lachte, denn ich sah mich schon auf dem Rückweg voll bepackt mit Büchsen und anderem

Kram bei Maria und Uschi landen. Im Moment aber war ich noch mit dieser Aktentasche beladen, die immer schwerer wurde. Hier unten hörte man kaum noch etwas von dem Inferno da ganz oben. Die schwache Beleuchtung flackerte und zitterte und drohte bald völlig zu erlöschen. Irgendwo mußte noch ein Aggregat in Betrieb sein. Gott sei Dank hatte mir Rudi noch eine Taschenlampe verpaßt, so konnte ich die Zeichnung genau studieren, es war ein Labyrinth von Gängen. Ich staunte über die vielen Verbindungen, die hier unterirdisch angelegt worden waren; nach Rudis Skizze mußte ich bald in der Wilhelmstraße sein.

Angst überkam mich, ob ich wieder zurückfinden würde. Ob ich die Tasche einfach in dem Durcheinander wegwerfe oder stehenlasse? Aber wie sollte ich Rudi begegnen? Ich ging weiter. Ein noch stärkeres Trommelfeuer mußte jetzt da oben eingesetzt haben, noch mehr Bomben, denn die Grundmauern begannen zu vibrieren. Schnell, Günter, ganz schnell, such diesen Scheißpunkt L und nischt wie zurück unter Menschen.

Vor der nächsten Gasschleuse, und das war auf der Zeichnung die letzte, gab es rechts, kurz davor, noch eine zweiteilige Tür aus Holz. Die eine Hälfte war angelehnt, der Raum dahinter in ein sanftes Licht getaucht. Ich wurde neugierig, betrat den Raum in der Hoffnung, dort jemandem zu begegnen. Ein Casino vielleicht oder eine Bar? Geradeaus an der Wand unter zwei Kandelabern war ein langes Buffet eingerichtet: Auf weißen Tischtüchern standen Lebensmittel und Sektflaschen aufgereiht, Dinge, die schon seit langer Zeit kein Mensch mehr zu Gesicht bekommen hatte: Schinken und Würste und noch etliche Delikatessen, die ich gar nicht kannte. Es roch brenzlig, nach Alkohol, Cognac und wie oben auf dem Hauptverbandsplatz nach Äther und Blut. In einer großen Nische stand ein ovaler Tisch, an dem sieben oder acht Personen Platz genommen hatten, fünf davon offensichtlich hohe Tiere der Waffen-SS, außerdem zwei Frauen, die mal wunderschön gewesen sein mußten.

Der Tisch war beladen mit Schnapsflaschen und benutztem Geschirr. Die Leute lagen vornübergebeugt auf der Tischplatte oder hingen aus den stattlichen Sitzmöbeln seitlich heraus, fast alle Köpfe waren zerschmettert. Hier hatte der Krieg schon sein Ende gefunden. An der Wand in der Nische hing ein großes Bild des Führers, der mit Deutschem Gruß schicksalsträchtig in die Ferne blickte.

Nur noch das kratzende Geräusch einer längst abgespielten Schallplatte war zu hören. »Roter Mohn, warum welkest du schon?« war der Titel. Nachdem ich die Platte wie in Trance zum Stillstand gebracht hatte, mußte ich jetzt wirklich kotzen, im hohen Bogen dicht an Adolf im Rahmen vorbei, den Rest auf die an der Türe abgestellte Aktentasche. Nischt wie raus. Ich hatte die Hölle gesehen. So ne feigen Hunde, dachte ich, sich so einfach zu verdrücken! Tags zuvor hatten solche noch Fahnenflüchtige, einfache Landser, an den Laternen und Bäumen aufgehängt. Ich hatte es miterlebt, wie die jungen Soldaten um ihr Leben bettelten, aber von diesen Herren nicht erhört wurden. »An die Wand, an die Laterne, an den Baum, du feiges Schwein«, war die Antwort. Ich lief weiter nach Zeichnung, fand schließlich meinen Weg.

Warum lief ich weiter? Es war doch sowieso schon alles zu Ende. Nein, nein! Ich mußte mein Versprechen halten und diese Aktentasche, die bekotzte, abgeben bei L, ich hatte es Rudi versprochen, nicht Adolf Hitler, der uns hier alle in diesen Katakomben verrecken ließ. Punkt L stellte sich heraus als ein kleiner Lichtschacht, in dem zwei Waffen-SSler ein großes Feuer schürten, in dem landete dann auch Rudis Aktentasche.

Es war etwa sieben Uhr morgens. Die Russen sind da. Nachdem ich erfahren hatte, daß der gesamte Gebäudekomplex der Roten Armee übergeben werden sollte, machte ich mich auf den Weg zu Mutti und Uschi. Die Scharfmacher unter den SS-Offizieren verkündeten jetzt lauthals: »Unser geliebter Führer ist im Kampf um Berlin gefallen. Wir kämpfen weiter bis zur letzten Patrone.« Das war das letzte, was man von denen zu hören bekam, danach waren sie nicht mehr gesehen.

Eine schlimme Nacht ist vorüber. Drei der von mir zu betreuenden Soldaten sind gestorben, der eine, der mit dem Bauchschuß, elendig verreckt. Ich konnte ihm nicht helfen, er schrie und bettelte um Wasser. Der Arzt hatte mir aber eingebleut: »Du gibst dem nichts zu trinken.«

Mit verlogenen Worten hatte ich versucht, den Sterbenden zu beruhigen. Das einzige, was mir blieb, war, mit ihm zu weinen, bis er für immer schwieg. Ein anderer erzählte mir seine ganze Lebensgeschichte, die war ja nicht sehr lang. Was mit ihren Leichen geschehen ist, weiß ich nicht mehr.

Oben, draußen, war eine unheimliche Ruhe eingekehrt, die Kampfhandlungen waren eingestellt. Der Krieg, aus und vorbei. Hier unten in den Bunkerräumen herrschte dennoch die Angst: Wir hatten alle Angst vor dem Frieden. In den letzten Tagen wurde viel berichtet von sowjetischen Soldaten, die in den eroberten Bezirken ihren Rachegefühlen freien Lauf ließen.

Schon zwei Stunden nach der Übernahme waren sie da, brüllend und mit den Armeepistolen herumfuchtelnd. »Urä, Urä!« schrien sie unaufhörlich. Wir wußten erst nicht, was gemeint war, bis wir die an ihren Armen befindlichen Armbanduhren gezeigt bekamen. Mindestens zwanzig Armbanduhren hatte der junge mongolische Soldat, der schreiend unseren Raum betrat, schon an seinen Handgelenken. »Urä!«, das hieß für ihn »Uhr«; er war auf Beute aus und forderte alles an Schmuck ab, bis zum Ehering. Eine Frau konnte den Ring vor Angst nicht so schnell vom Finger ziehen, da drohte der Bengel, mit dem Bajonett nachzuhelfen. Durch Alkohol völlig enthemmt und im Siegestaumel, waren diese Soldaten zu allem fähig. Für die Frauen und Mädchen begann noch eine andere qualvolle Zeit.

Die Schutzräume beherbergten jeweils vierzig bis fünfzig Personen, waren vollgestopft mit Frauen und Kindern. Die Hitze in den Räumen war unerträglich, die Luft längst verbraucht, und es stank entsetzlich. In einer kleinen Nebenkammer ohne Tür standen zwei mittelgroße Tonnen, als Klosetts gedacht, überfüllt, längst nicht mehr zu benutzen, der Fußboden ringsherum aufgeweicht und verdreckt.

Viele Wehrmachtsangehörige, auch Soldaten der Waffen-SS, mischten sich jetzt in Zivilkleidung unter die Bevölkerung. Auch ich hatte meine Uniformjacke der Hitlerjugend ausgezogen, hinter die Klotonnen befördert und mit der letzten Schippe Chlor bestreut. Gott sei Dank war ich nur teiluniformiert und wurde ganz schnell wieder zum Kind. Äußerlich, innerlich war ich um Jahre gealtert.

In den Bunkerräumen war ein Jammern und Weinen ausgebrochen – die Anspannung der letzten Wochen, gepaart mit der neuen Angst, löste bei vielen Menschen Schrei- und Weinkrämpfe aus. Immer wieder kamen die Russen rein, brüllten ihr »Urä« und den Satz »Frau komm!«. Sie zerrten die Mütter von ihren Kindern weg in die Gänge und vergewaltigten sie. Das Weinen nahm kein Ende.

Es war der zweite Mai mittags, 1945. Die Jagd der Sieger auf die Besiegten begann. Die Bunkerbewohner strömten durch die breite Ausfahrt über den Hof, über die Berge von Trümmern, ihren oft weit entfernten Behausungen zu. Es war ein gebremster Strom, der sich da ins Freie ergoß. Ängstlich, neugierig, mißtrauisch, fast schleichend begegnete man dem Sieger. Der thronte auf einem T34 im Range eines Offiziers. Ziemlich besoffen, rief er immer wieder »Weuna kaputt«, was soviel hieß wie »Der Krieg ist zu Ende«.

In der Schillerpromenade in Neukölln fanden wir auf der dritten Etage eines bürgerlichen Wohnhauses eine Bleibe – eine vollmöblierte Zwei-Zimmer-Wohnung mit Balkon. Es gibt hier viele leerstehende Wohnungen, die Mieter sind Nazis auf der Flucht, oder sie sind auf den Straßen und in den Bunkern ums Leben gekommen.

Hier in Neukölln sind die Wohngebiete meist von Zerstörungen verschont geblieben. Die für unser Haus zuständige Portiersfrau ist eine handfeste Kommunistin, sie regelt die Verteilung von Wohnraum nach ihren Gesetzen. Sie hat uns klargemacht, daß unsere Unterbringung nur vorübergehend ist, versprach aber bald eine eigene Wohnung. Diese Frau imponierte uns gewaltig. Sie guckte optimistisch in die Zukunft, das Gestalten einer neuen Gesellschaftsordnung war ihr Lebensinhalt. »Nie wieder Krieg! Nie wieder Militarismus! Die Hitlers kommen und gehen, aber das deutsche Volk bleibt bestehen.« »Die Ärmel hochkrempeln und weg mit dem Schutt«, sagte sie.

Ich bin Neuköllner geworden, aber mein Herz ist immer noch mit der Mitte Berlins verhaftet, und so pendele ich zwischen den Bezirken hin und her. Täglich lauf ich von Neukölln nach SO16 Köpenicker

Straße und zurück, meist schwer beladen. Es gibt ja noch keine öffentlichen Verkehrsmittel, und die Sperrstunde zwingt mich, immer früh nach Neukölln zurückzukehren. Mit der Sperrstunde kam ich ziemlich oft in Kollision, tagsüber in »Mitte«, nachts das Bett in Neukölln. Ich kam mir vor wie ein streunender Hund auf der Suche – nach was?

Der Kiez, mein SO 16 läßt mich nicht los. Da sitze ich auf meinem Lieblingsplatz zwischen Jannowitz- und Michaelbrücke am Spreeufer; es sind Tage voller Trauer. Sehr oft muß ich jetzt heulen, ich sitze manchmal stundenlang am Fluß und weine meine Tränen in die Spree. Alles, was war, hatte aufgehört, nichts konnte ich mir mehr erklären. Ratlos, hilflos saß ich da, wie gelähmt.

Die Zeit scheint stillzustehen; es ist die furchtbare Ruhe nach dem Sturm. Berlin Mitte ist ein Trümmerfeld geworden, in dem du jeden Stadtplan vergessen kannst. Alle Straßenzüge sind unter Bergen von Schutt verschwunden, der »Endkampf« hat eine neue Topographie eingekerbt. Der beginnende Sommer liegt in der Luft, der Duft blühender Bäume und Sträucher vermischt sich mit dem süßlichen Geruch der Verwesung.

Das Zentrum ist ausgestorben. Da ich meinen Kiez in- und auswendig kenne, gehe ich hier meine eigenen Wege, immer auf der Suche nach Nahrungsmitteln und anderem noch Brauchbaren. Erst mal durchstöberte ich meine letzte Arbeitsstelle, die Fabrik Dr. Gettwart in der Köpenicker Straße, auch die war fast völlig zerstört. Mein Ziel ist die Kantine der Firma, die sich im vierten Stock des Haupthauses befand. Auch hier kamen mir meine Kletterkünste zugute, denn es fehlten einige Treppenabsätze.

Es war nicht ungefährlich, in den Trümmern rumzustöbern. Gerade hatte ich überlegt, wie ich den fehlenden Absatz überbrücken könnte, da begann über mir ein polterndes Getöse. Ein herunterhängendes Treppengeländer, an dem ich kräftig gezogen hatte, bekam Übergewicht und fing an, sich aus seiner Halterung zu lösen, ein paar Steinbrocken kamen ins Rollen und drückten von hinten gegen das Geländer. Bis zum zweiten Stock hatte ich es schon geschafft, aber was da ins Rutschen kam, waren Teile der Treppe aus der dritten Etage, hinter mir die halboffene Tür zum Fahrstuhlschacht. Ich drückte mich in die Nische des Türbogens, als der ganze Schlamassel langsam an mir vorbei in die Tiefe fiel. Dann lichtete sich der Staub, und ich mußte feststellen, daß ich hier nicht mehr weiterkam. Zurück war auch nicht mehr so einfach. Mir fiel ein, daß sich auf der anderen Seite des Hauses noch ein kleiner Aufgang befand.

Der Abstieg war sehr kompliziert, zumal mir jetzt meine Furunkulose zu schaffen machte. Durch den Dreck und Staub gefördert, waren die Dinger gewachsen, brannten, juckten, bluteten, und der kleine schützende Verband hatte sich durch die körperlichen Anstrengungen schon abgelöst. In Neukölln gab es zwar eine ärztliche Betreuungsstelle, aber da standen die Menschen Schlange, und ich dachte: »Es gibt

Schlimmeres als meine Furunkel.« Eine fürchterlich stinkende, schwarze Salbe hatte ich schon draufgetan, aber die konnte ja nicht wirken, wenn ich mich den ganzen Tag im Dreck rumtrieb.Und der Hunger war groß, er ließ fast alle Vorsicht vergessen. Der Tag war sehr heiß, und Durst quälte mich. Auf dem Hof angekommen, ging ich zur Hinterseite des Gebäudes und fand den Aufgang in einigermaßen intaktem Zustand. Von hier waren es nur ein paar Meter zur Spree. Am liebsten wäre ich gleich reingesprungen, um mich zu erfrischen, doch mein Badeerlebnis der vorigen Woche im Landwehrkanal am Kottbusser Damm saß mir noch in den Knochen. Da war ich, ohne lange zu überlegen, kopfüber reingesprungen und schon nach wenigen Schwimmstößen mit einer Wasserleiche kollidiert. Mir war danach so schlecht, der Magen konnte nichts auskotzen, denn der war leer und tat um so mehr weh.

Die Spree allerdings war in Bewegung und lockte schon wieder. Ich blieb vernünftig und betrat das Treppenhaus jetzt durch eine kleine Tür. Es war auch hier alles verdreckt, aber nichts zerstört. Das war ein Vorteil, den andere vor mir auch schon genutzt haben mußten, denn als ich oben auf der Kantinenetage ankam, war fast alles ausgeplündert. Ich mußte mich mit den Resten begnügen, immerhin acht Büchsen grüne Bohnen, vier mit Rindfleisch.

Die Strapaze war also der Mühe wert gewesen. Ein Büchsenöffner mußte her, war auch schnell in einem Besteckkasten gefunden, das Rindfleisch in wenigen Minuten verschlungen, ein Köter hätte nicht schneller fressen können. Auch heute hatte ich meinen Rucksack dabei, der war nun mit Büchsen und Besteck vollgepackt. Die Freude war groß, aber Günter konnte, wollte im Moment nicht mehr weiter. Müde und erschöpft fand ich auf dem Flachdach neben der Küche einen Platz zum Ausruhen. Als Unterlage holte ich mir heruntergerissene Gardinen, machte es mir etwas gemütlich in der Mittagssonne. Ich hatte Fieber und muß eingeschlafen sein.

Quälende Träume und Gedanken peinigten mich. Gerda, die Krankenschwester vom Hauptverbandsplatz. Ob sie überlebt hat? Die Erinnerung stieg in mir hoch. Wir hatten richtig gefickt. Ein bißchen komisch in so einem Treppenflur, bis dahin waren meine Bilder im Kopf immer liegende Pärchen. Es war schön, und Gerda schrie eine Befreiung in das Bombengetöse. Jetzt sehnte ich mich nach mehr davon.

Ob Rudi, der Unteroffizier, durchgekommen ist? Er wollte in Richtung Westen türmen. Der Hauptverbandsplatz will mir nicht aus dem Kopf. Zuviel, zuviel. Nach kurzem Schlaf wachte ich auf und mußte wieder mal heulen. Mir graute vor dem langen Nachhauseweg, ich hatte wie immer ganz schön zu schleppen, und es gab ja auch Leute, die einem die Sachen wieder abnehmen wollten, Militärpolizei und deutsche Hilfspolizisten.

Bis zum Kottbusser Tor ging es noch, aber dann die Steigung vom Hermannplatz; meistens nahm ich den Weg durch den Jahnpark, der war kürzer, aber gefährlich.

Er ist unerträglich heiß, dieser Sommer 1945. Die Alliierten haben ihre Sektoren besetzt, wir in Neukölln gehören zum amerikanischen Sektor. Die Rotarmisten sind hier ganz aus dem Straßenbild verschwunden. Was war das plötzlich für ein Unterschied, was waren das für Welten. Eine siegreiche Rote Armee, bestehend aus völlig abgekämpften jungen Soldaten, denen die Strapazen des Endkampfs und das Glück des Überlebens in den Gesichtern geschrieben stand. Durch jahrelanges Entbehren bescheiden Gebliebene. Genügsame, anspruchslose Menschen. Naiv, unerfahren im Umgang mit den einfachsten Dingen des täglichen Lebens. Geknechtete und Drangsalierte durch ihre Vorgesetzten. Und dann die Amis in ihren Jeeps. Zufriedene Wiederkäuer, lässig in den Bewegungen, selbstsicher, nichts schien ihnen fremd. Überlegen, imposant, eine mir völlig unbekannte Sorte Mensch.

Die Besatzer, Flüchtlinge, Vertriebene, Heimkehrer, alle die, die den Untergang überlebt hatten, konnte man jetzt auf dem wohl größten Schwarzen Markt zwischen Reichstag und Brandenburger Tor im Tiergarten treffen. Hier wurde mit allem gehandelt und getauscht. Die Streifzüge durch meinen alten Kiez waren manchmal sehr erfolgreich. In der Adalbertstraße in einem zerstörten Fabrikkomplex wurde ich fündig. Wieder einmal kletterte ich in den Trümmern herum, durchstöberte die Lagerkeller einer Kurzwarenfabrik. Da lagen in den Regalen noch große Rollen mit Gummibändern in den unterschiedlichsten Breiten und Ausführungen. Soviel ich tragen konnte, schleppte ich nach Neukölln in unsere Wohnung. Daraus wurden dann eine Menge Röllchen zu je fünf Metern. Aus einem ausrangierten Küchentablett habe ich mir einen Bauchladen gebastelt, auf dem ich meine Ware, die Gummiröllchen, anbot. In erster Linie waren die russischen Frauen meine Kundschaft. Ich hatte einen sehr guten Absatz, mein kleines Geschäft florierte, und die Vorräte gingen bereits zu Ende. Also machte ich mich wieder auf den Weg in die Adalbertstraße zur geheimen Quelle meines kleinen Wohlstands. Um die Mittagszeit kam ich dort an und spürte gleich, daß eine Gefahr in der Luft lag. Ich mußte über Berge von Schutt steigen, um an den Einstieg zu gelangen, zu der Treppe, die zu den Lagerräumen nach unten führte, der Trümmerberg glühte in der Mittagssonne.

Oben neben dem Eingang döste, auf einem wackligen Stuhl sitzend, die Maschinenpistole auf dem Schoß, ein Rotarmist vor sich hin. Ein faszinierender Anblick. Der strahlend blaue Himmel, der Trümmerberg, die Ruinen ringsum, eine himmlische Ruhe, ein alter Stuhl mit einem ruhenden Soldaten darauf. Zu hören war nur das leise gleichmäßige Summen der Millionen Fliegen, sonst nichts.

Um an meine Schätze zu gelangen, mußte ich an dem offenbar Schlafenden vorbei. Auf gut Glück brachte ich ein freundliches »Guten Tag«, »Dzién dobry« auf polnisch heraus und verhielt mich, da es sowieso kein Zurück mehr gab, so selbstverständlich wie möglich. Der Soldat döste weiter, murmelte etwas Unverständliches und ließ mich passieren. Was macht der hier so mutterseelenallein, ging es mir durch den Kopf. Ich wurde unsicher, mir war gar nicht wohl, aber den Weg einmal begonnen, konnte ich nicht mehr zurück. Das letzte Mal war ich vor ungefähr fünf Tagen hiergewesen, ich brauchte etwas Zeit, um mich da unten wieder zurechtzufinden.

Aber heute war alles anders. Durch die Ritzen der verschütteten Kellerfenster drang nur wenig Tageslicht nach unten. Die Lager waren leergeräumt, nichts Brauchbares mehr zu finden, vermutlich alles schon abtransportiert über einen anderen Zugang von der Köpenicker Straße aus. Enttäuscht betrat ich wieder den langen Gang in Richtung meines Einstiegs, als am anderen Ende ein Tumult zu hören war. Ich sah einen russischen Offizier und zwei, drei Soldaten mit ihren Waffen im Anschlag auftauchen. Im Scheinwerferlicht ihrer Taschenlampen hatten sie mich im Visier.

Wie ein Blitz verschwand ich um die nächste Mauerecke. Sekunden später zischten auch schon die Salven der Maschinenpistolen den Gang entlang. Oben angekommen, spielte ich den Gelassenen, den langsam dahinschlendernden kleinen Jungen, der sich dem immer noch dösenden Soldaten gegenüber verwundert gab. Ich zeigte nach unten, lachte und sagte: »Bumm, bumm, Peng, peng, wa?« Er nickte und nahm weiter keine Notiz von mir. So kam ich mal wieder mit meinem Leben davon.

Als Erklärung für diese Schießerei da unten im Keller fiel mir der »Wehrwolf« ein. Nazis, die immer noch nicht aufgeben konnten, wurden von den Alliierten immer wieder aufgestöbert und gejagt. Außer Sichtweite des Soldaten raste ich los Richtung Kottbusser Tor in den amerikanischen Sektor. Ich zitterte am ganzen Leibe, als ich dort ankam, legte mich eine Weile in einen Vorgarten ins Gras, um mich wieder zu beruhigen.

Meine Quelle war versiegt, etwas Neues mußte ran, wir besaßen ja wirklich nichts mehr, null, rein gar nichts, bewohnten eine fremde Wohnung, und täglich die Sorge, wann tauchen die ursprünglichen Mieter wieder auf. Der Hunger und alle möglichen Erkrankungen waren schwer zu ertragen.

Die Eisenbahnen fuhren immer noch nicht; sehr oft dachten wir in Sorge an Opa Chiepluch in Börnicke. Was der wohl machte? Da in Börnicke mußte jetzt Erntezeit sein, da gab es bestimmt Nahrung in Hülle und Fülle. Aber wir hatten keinerlei Möglichkeit, dahin zu gelangen, von Neukölln nach Börnicke - das hieß, eine Weltreise antreten.

Ich tigerte immer wieder durch mein Revier, den Schwarzen Markt im Tiergarten, immer auf der Suche nach etwas Eßbarem, und alles zu Fuß. Die S- und U-Bahn-Schächte standen immer noch unter Wasser, und die Straßen waren immer noch verschüttet, im Zentrum der Stadt ging verkehrstechnisch immer noch nichts. Auf dem Markt, der ja offiziell verboten war, mußte man jeden Augenblick mit einer Razzia rechnen, immer lag etwas Aufregendes in der Luft. Das war ein Gewimmel. Hunderte, Tausende waren hier dabei, zu feilschen und zu tauschen.

Heute hatte ich meine letzten Röllchen Gummiband verkauft und wollte von dem Erlös bei den Amis Nußbutter kaufen, als ich plötzlich in dem Gedränge ein mir bekanntes Gesicht entdeckte. Es war zwar durch eine Schiebermütze etwas verdeckt, aber ich konnte es schnell einordnen. In einem Rollstuhl, beide Beine amputiert, vermutlich von der Ehefrau geschoben, saß Sturmbannführer Fromme in Zivil da und machte einen jämmerlichen Eindruck. Wie gebannt blieb ich vor seinem Gefährt stehen.

Unsere Blicke trafen sich. Lange sahen wir uns an. Seine Augen bettelten in meiner Seele, ihn nicht zu erkennen. Sollte ich die Militärpolizei holen? Warum ich jetzt weinen mußte, weiß der Himmel. Ich brachte es noch fertig, leise »Machen Sie's jut« zu sagen. Er verschwand mit seiner Karre und tauchte in der Masse Mensch unter.

Als ich zu Hause Maria von dieser Begegnung erzählte, sagte sie zu mir: »Siehste, der hat seine Strafe bekommen, und ich werde ab nächster Woche bei den Amis in Zehlendorf putzen gehen.«

Ich aber lief weiter durch Berlin, wie ein streunender Hund, immer auf der Suche nach Futter, oder nach mir selber. Ich wußte wirklich nichts mehr mit mir anzufangen.

Sehr einsam, gefährdet, manchmal ohnmächtig, immer ruhelos.

Er war ein Geschenk der Natur, dieser Sommer 1945, wunderschön, ein Bilderbuchsommer, er war eine Art Wiedergutmachung des Himmels für das Durchlittene, für das sinnlose Sterben der letzten Jahre.

Gräber, Massengräber, Ruinen, Millionen verkrüppelte, kranke und hungernde Menschen gab es jetzt, sie waren Zeugen, Überlebende eines Jahrzehnts, das man »das Dritte Reich« genannt hatte. Berlin lag darnieder wie ein schwerverletzter Krieger, aus allen Wunden blutend, stumm um Hilfe schreiend, manchmal röchelnd.

Die Zivilbevölkerung mußte die Endabrechnung der Alliierten mit den Nationalsozialisten mit Not, Elend und Tod bezahlen. Wie Viehästen die Menschen jetzt jeden Grashalm ab, in Parkanlagen, an Bahndämmen, Friedhöfen, egal wo, alles wurde sofort gerupft und gefressen. Das Trinkwasser holten wir in Eimern aus längst verschmutzten Löschteichen und somit auch die vielen Krankheiten ins Haus.

Der sowjetische Oberbefehlshaber hatte beschlossen, im Bezirk Treptow ein monumentales Ehrenmal für die Gefallenen der Roten Armee zu errichten, Hitlers Marmor aus der Reichskanzlei wurde für diesen Bau verwendet. Soweit es möglich war, sollten alle gefallenen Rotarmisten aus dem Raum Berlin dort in Treptow in Massengräbern ihre letzte Ruhestätte finden. Aus Vorgärten, Parks, Hinterhöfen mußten die in Verwesung übergegangenen Leichen ausgegraben und nach Treptow geschafft werden.

Am Wildenbruchplatz in Neukölln waren einige solcher provisorischen Gräber, das Bezirksamt Neukölln hatte für die Umbettung zu sorgen. Auch ich wurde aufgefordert, mich an solchen Aufräumungsarbeiten zu beteiligen. Der Bergungskolonne gehörte ich allerdings nur zwei Tage an, denn ich kam aus dem Kotzen nicht mehr raus, der Geruch und die Bilder vom Wildenbruchplatz verfolgten mich noch jahrelang.

Gegen eine höhere Brotration arbeitete ich immer wieder für die Bezirksverwaltung. Eine Knopf-Fabrik suchte Arbeiter. Mit einer Stanze drückte ich täglich acht Stunden lang Knöpfe aus Bretterholz. Danach die Lehrstelle! Vermittelt vom Arbeitsamt für das Dachdeckergewerbe. Warum nicht, dachte ich und stellte mich bei dem Meister vor. Der steckte noch vollständig in seinen militärischen Gewohnheiten. Er war Spieß, also Feldwebel gewesen, brüllte von morgens bis abends im Kommandoton herum und machte mich, wie er es nannte, zur Schnecke. Der muß Glück gehabt haben, denn andere Männer in seinem Alter waren noch längst nicht zu Hause. Warum nicht, bitte sehr, aber so doch nicht, mein Lieber, dachte ich.

Meine Ausbildung beschränkte sich auf Transportarbeiten. Täglich schleppte ich schwere Gerätschaften, große Rollen Dachpappe in die Dachgeschosse der Neuköllner Mietshäuser – meist fünf Etagen hoch. Wie ein orientalischer Lastochse wurde ich getriezt. Und da ich in den wenigen Schulungsstunden bei der KPD gerade begriffen hatte, wie Ausbeutung funktioniert, begann ich meine Revolution beim Dachdeckermeister, brüllte zurück, wehrte ich mich gegen Unterdrückung.

Marias Stärke stieg in mir hoch, als der Meister mich jetzt auch noch mit Schlägen traktierte. Ohne erkennbaren Ansatz schlug ich zurück. Mein Lehrvertrag war beendet. Es war Herbst. Zurück auf die Straße, rein in den Überlebenskampf.

Endlich bekamen wir Nachricht von Opa Chiepluch aus Börnicke. Er lebt. Aber nicht in seiner Wohnung, sondern in einer Baracke außerhalb des Dorfes. Die Russen hatten ganz Börnicke besetzt, entvölkert und zum Sperrgebiet erklärt. Die Kommandantur hatte hier ihre Dienststelle eingerichtet. Ich machte mich auf den Weg und bin am späten Nachmittag am Bahnhof Börnicke angekommen. Aber nicht mit dem Zug, sondern per pedes von Nauen auf den Gleisen, immerhin elf Kilometer. Ich war schon froh, überhaupt einen Dampfzug von Spandau-West durchgehend bis nach Nauen erwischt zu haben. Jedenfalls war ich seit morgens halb acht auf den Beinen.

Mit der S-Bahn ging es von »Hermannstraße« im Pendelverkehr über »Westkreuz« nach Spandau, immer in der Ungewißheit, ob es von da auch weitergeht mit den Zügen Richtung Westen. Ich hatte großes Glück, ein Zug nach Nauen stand unter Dampf, kurz vor der Abfahrt; völlig überfüllt, die Menschen hingen wie Trauben an den Waggons. Alle Trittbretter waren besetzt, aber auf dem Dach fand ich noch einen schönen Liegeplatz.

Wir brauchten Stunden, um nach Nauen zu kommen. Es ging nur eingleisig, und so warteten wir an jedem Bahnhof den entgegenkommenden Zug ab.

Endlich am Ziel, wurde bekanntgegeben, daß für heute der Zugverkehr nach Kremmen und Oranienburg eingestellt war, meine Richtung nach Börnicke. Kurz entschlossen lief ich los. Die Landstraße nach Börnicke führte durch einige Waldabschnitte an Kienberg vorbei, in Windungen kam sie mir viel länger und auch gefährlicher vor.

Ich entschied mich für den direkten Weg der Eisenbahn, kletterte auf den Bahndamm und marschierte singend auf den Schwellen der Gleise meinem Börnicke entgegen. Eingepaukte HJ-Lieder kamen mir über die Lippen, die drängten sich nach vorne, und plötzlich sang ich befreit mit einer Lust, ohne Befehl des Fähnleinführers, das ganze Repertoire der Hitlerjugend rauf und runter. Noch hatte ich keine anderen Lieder. Weit und breit kein Mensch zu sehen. Seit Monaten atmete ich endlich wieder klare saubere Landluft, frei von dem süßlichen Geruch der Verwesung. Die Weiden, Äcker und Wiesen rechts und links des Bahndamms ganz und gar unbeschädigt, sie sind so wunderschön anzusehen, spenden Freude, öffnen alle Sinne, mein Gesang wird immer kräftiger, trotziger.

Jetzt führten die Gleise über den Havelländischen Hauptkanal. Erinnerungen steigen in mir hoch. Mit dem Fahrrad war ich hier öfter zum Angeln. Fische gab es hier nicht so üppig wie in den Masurischen Seen, aber ich hatte die Mark Brandenburg sofort geliebt, als Opa Chiepluch Mitte der Dreißiger hierhergezogen war und unsere Besuche in Börnicke sich häuften.

Im Frühling waren die Wälder ringsum mit Anemonen und Maiglöckchen übersät gewesen, die ich zum Ärger meines Großvaters massenweise zu Sträußen gebunden angeschleppt hatte. Jetzt mußten die Wälder voll von Pilzen sein. Alles hier war mir vertraut, mit allem war ich verbunden, und ich fühlte eine riesige Dankbarkeit in mir, den ganzen Schlamassel überlebt zu haben.

Hier draußen war alles friedlich und ruhig, und ich wollte glauben, die letzten Monate nur geträumt zu haben. Hätte ich eine Kuh oder ein Pferd auf den Weiden gesehen, ich wäre hingelaufen, hätte sie umarmt, geküßt und gesagt: »Ich bin wieder da, ich lebe, ich bin wieder zu Hause.«

Unheimliche Kräfte spürte ich in den Beinen, als ich den kleinen Bahnhof von Kienberg erreichte und weiter nach Börnicke stapfte. Noch drei Kilometer! Mein Vater hatte mir mal von einem Armeegepäckmarsch 1919 auf dem Tempelhofer Feld erzählt – das fiel mir jetzt wieder ein. Er hatte sich damals freiwillig gemeldet. In voller Ausrüstung mußten die Soldaten bei einer Gluthitze fünfzehn Kilometer ohne Pause marschieren, mit Stahlhelm, in Stiefeln, den Tornister auf dem Buckel, um am Ziel den kommandierenden General der Reichswehr mit einer Ehrenbezeugung zu passieren. Und während Willi die Hand noch zum Gruß hob, brach er erschöpft zusammen. Er bekam einen Orden und einen Herzfehler, den er wochenlang im Lazarett auskurierte. Der Kampf um Anerkennung brachte ihn beinahe ums Leben. Ob er wohl noch lebte? Wir hatten schon lange nichts mehr von ihm gehört.

Ich freute mich jetzt des Lebens. Ich fühlte mich leicht. Kurze Hosen, Unterhemd, Wollsocken, meine alten Schnürstiefel, eine Windbluse im Rucksack, lief ich weiter, und es gab keinen Kommandierenden mehr, ich war mein eigener Herr, und eins und zwei, wie konnte doch alles so schön sein.

Da kommt Börnicke. Von einer Besetzung war noch nichts zu erkennen, und nichts zerstört, alles intakt! Friedlich lag das Dorf vor mir. Nun liegt der Bahnhof etwas abseits, fünfhundert Meter vom Ort entfernt. Die Leute in Berlin hatten etwas von Baracken hinterm Bahnhof auf einer Wiese am Waldrand erzählt, dort sollte der alte Chiepluch hausen, hieß es. Aber kein Mensch war hier zu sehen, weit und breit war alles wie ausgestorben.

Plötzlich kam wieder das Kriegsgefühl in mir hoch, die Angst war wieder da und die Stille unheimlich. Vorsichtig näherte ich mich den Baracken. Da war doch mal die Wehrmacht untergebracht, erinnerte ich mich.

Maxim Gorki! Der Land- und Waldarbeiter Johann Chiepluch aus Masuren, der Vater meiner Mutter Maria, mein Opa, das war mein Gorki. Viele Jahre später, Chiepluch war schon lange tot, fand ich ihn wieder in der Literatur, die ich langsam für mich entdeckte: Maxim Gorki, schon von der Optik her: Die gleiche Erscheinung, bis hin zum Schnurrbart, und auch an der Welt verbittert, ein ausgeprägtes Gefühl für soziale Gerechtigkeit, bescheiden in seinen Ansprüchen, und eine versteckte Liebe zur Natur, eine starke Persönlichkeit, nur das Schreiben hatte er nie gelernt. Wenn er über seine Probleme sprach, dann sehr knapp, trocken, aber in ihm glühte es, und wehe, es kam zum Ausbruch. Herr einer Sache ist der, der sie produziert, der sie geschaffen hat! So dachte auch Chiepluch. Wo kam er her, wo stand seine Wiege? Ich habe es nie erfahren. 1875 könnte sein Geburtsjahr gewesen sein. Ein Kuschelopa, der die echten Werthers verteilt, war er nie.

Die Baracken boten einen ziemlich kaputten Anblick. Langsam schlich sich die Dämmerung heran. Der kühle Abendwind ließ die Blätter in den Bäumen leise rascheln. Ein Mischwald, die Birken und Pappeln waren schon kahl, der heiße Sommer hatte sie schon früh entblättert, ausgedörrt.

Zwei der Baracken wirkten unbewohnt, aber aus der dritten stieg Rauch aus dem kleinen Schornstein auf, zwei Fenster waren verglast, die übrigen mit Brettern sauber verkleidet. Der Beschreibung nach müßte ich den Opa hier finden. Von der Giebelseite aus betrat ich die Baracke. Vier Türen gingen von einem Flur ab, es waren tatsächlich ehemalige Diensträume der Wehrmacht. An jede Tür klopfte ich zaghaft, die Zimmer waren leer. Die vierte zu öffnen fiel mir schwer, denn das Geräusch da drinnen, das war Chiepluchs Schnarchen, mir wohlbekannt und vertraut.

Auf einem Feldbett lag er da, bekleidet, sogar die Schuhe hatte er noch an, er schlief fest und laut, und ich wollte ihn nicht wecken. Die Freude, daß ich ihn gefunden hatte, mischte sich mit einer Furcht vor der Begegnung. Eigentlich gut so, dachte ich, laß ihn erst mal schlafen, haste Zeit, um dich zu sammeln.

Ein eiserner Herd mit Kochplatten rumpelte leise vor sich hin, darauf ein Wasserkessel, große Töpfe. Hier mußte gekocht worden sein, jede Menge Holzscheite lagen bereit. Es roch nach Brennholz und Bohnenkraut. Quer durch den Raum, auf einer Schnur einzeln aufgezogen, waren Pilze zum Trocknen aufgehängt. Ein Tisch, drei Stühle und zwei Wehrmachtsspinde bildeten das gesamte Mobiliar. Nein, da stand außerdem noch ein Akten-Regal, zweckentfremdet, vollgestopft mit Werkzeugen, ein paar Weckgläsern und Büchsen aus Heeresbeständen, an der Wand einige Haken, behängt mit alten Klamotten, lange Kirchenkerzen lagen als Lichtspender für die Nacht bereit. Eigentlich war alles da, was der Mensch zum Leben braucht, fand ich. Es war eine dicke Fliege, ein Brummer, der sich Chiepluchs Nase immer wieder zum Landeplatz ausgesucht hatte, und der ihn unter Fluchen und Umsichschlagen aufwachen ließ. Ich saß am Tisch, den Rucksack immer noch auf dem Rükken, und konnte mir das Lachen kaum verkneifen. »Na, haste geschlafen«, sagte ich. Verlegenheit bei Chiepluch, versteckte Freude, aber erst mal mußte die Fliege dran glauben, bis er fragte: »Wie kommst du denn hierher?«

Ja, ja, der hat sich gefreut, nur, bei Chiepluch blieb das immer unter der Decke. Er sagte, daß den ganzen Nachmittag kein Zug angekommen sei, er hätte nichts gehört. »Na und, Opa«, sagte ich, »ick habe doch

Beene bei mir, da bin ick einfach von Nauen aus losgelaufen.« Das fand er dann gut. »Aber jetzt müssen wir erst mal essen«, beschloß Chiepluch.

Auf dem Herd stand ein riesiger Kübel voll mit einem Weiße-Bohnen-Eintopf, den er für sich auf Vorrat gekocht hatte. Seine Freude über meinen Besuch drückte sich jetzt in einem Tempowechsel aus. Schnell war das Feuer im Herd wieder angefacht, der Topf zum Kochen gebracht und der Tisch gedeckt, zwei Emaille-Teller und Aluminium-Löffel lagen bereit, die Schöpfkelle hatte bestimmt mal zu einer Gulasch-Kanone gehört.

Draußen war es dunkel geworden, durchs Fenster hätte man uns beide futtern sehen können: Kaum ein Wort, nur Portion auf Portion schoben sich die Männer in die Backen. Männer? Ja. Einer der wenigen Sätze Chiepluchs war: »Du bist älter geworden, een richtiger Mann biste auf einmal.« Mir gefiel das, denn als Kerl hatte man bei ihm mehr Chancen.

Trotzdem wollte kein Gespräch zustande kommen. Das Erlebte, der Krieg hatte uns stumm gemacht. Nachdem wir uns den Bauch restlos vollgeschlagen und die nötigsten Informationen ausgetauscht hatten – wer noch lebt und wer nicht –, lakonisch, ohne Schnörkel, zeigte mir Chiepluch meine Schlafstelle.

Im Nebenraum stand noch so ein Feldbett, einfach, ohne Bettzeug, nur eine Decke war da. Satt und friedlich schlief ich ein. Meine Träume bestanden aus unbeantworteten Fragen. Der Opa schien mir sehr unglücklich in seinem Eremitendasein. Er war ein wirklich bescheidener Mensch, und das wenige, was er noch besessen hatte, war ihm jetzt auch noch weggenommen worden: Die kleine Wohnung, zwei Zimmerchen, eine Küche, das Klo auf dem Hof, ein Stückchen Gemüsegarten, ein Schuppen als Werkstatt, zehn Karnickelställe selbstgebaut, das war sein Reich, wie ich es kannte und mochte. Und die Waldarbeit hatte ihn glücklich gemacht.

Von alledem nun nichts mehr. Seine Tochter Luise, Marias Schwester, kümmerte sich wenig um den Alten, obwohl sie nur neun Kilometer entfernt wohnte. »Die läßt sich dauernd mit den Russen ein«, sagte er mir, »die kommt vor lauter Pimpern nicht mehr aus dem Bett.« Da war was dran, ein paar Wochen später durfte ich das miterleben. Der Tante mangelte es wirklich an Schamgefühl.

Beide Ehefrauen waren meinem Großvater weggestorben, 1934 die erste, 1939 die zweite. Sein jüngster Sohn Willi war sofort bei Ausbruch des Krieges eingezogen worden, von ihm gab es seit einem Jahr keine Post mehr. In der Zeit vor dem Krieg fuhren die beiden jeden Morgen gemeinsam auf ihren Rädern in den Wald zur Arbeit, ein Bild von großer Vertrautheit, wenn sie so dahinfuhren.

Opa Chiepluch hatte eine tiefe Traurigkeit erfaßt. »Der ist fertig mit dem Leben«, bemerkte eine Nachbarin, die ich am nächsten Tag traf. Warum die Russen ausgerechnet hier im Dorf ihr Hauptquartier einrichten mußten, wußte niemand zu sagen. In den Ort reinzukommen war jedenfalls nicht möglich, Wachposten hatten alle Zugänge unter Kontrolle.

Die Nachbarin war Zeuge gewesen, als Chiepluch ein paar Tage zuvor mit seinem Handwagen auf den russischen Posten losgefahren war, ihn einfach ignoriert hatte. Mein Opa hätte durch seinen selbstbewußten Gang doppelt so groß gewirkt, erzählte die Frau. Der junge Soldat hatte sich ihm mit seiner Maschinenpistole in den Weg gestellt und ihn aufgefordert umzukehren. Auf polnisch oder russisch muß Chiepluch den Jungen zur Sau gemacht, ihm so ins Gewissen geredet haben, daß er den Alten passieren ließ.

Chiepluch hatte sich Respekt verschafft; oder war ihm schon alles egal gewesen? Über eine Stunde hatte er in seinem Garten gegraben – ins Haus durfte er nicht rein –, um dann mit dem vollbeladenen Handwagen das Dorf wieder zu verlassen. Fleischbüchsen hatte er ausgegraben, die er noch im letzten Moment aus einem Wehrmachtslager klauen konnte, die waren jetzt auf seinem Wagen verladen, unter Werkzeugen aus dem Schuppen und Gemüse aus dem Garten. Inzwischen hatten sich bei dem Posten noch zwei Offiziere eingefunden, die auf Chiepluch warteten.

Er muß einen starken Eindruck auf die Soldaten gemacht haben, als er die leere Dorfstraße mit seinem Wagen auf sie zukam. War da doch Gorki im Spiel?

Als ich Opa nach der Geschichte fragte, erzählte er, wie die Offiziere ihn gewarnt hätten. Die Besetzung dauere noch eine Zeit, er solle sich nicht mehr sehen lassen, das nächste Mal würde geschossen. »Ein nächstes Mal gibt es nicht«, sagte Chiepluch zu mir, »ich gehe da nicht mehr zurück, die haben im Haus alles kaputtgeschlagen, ausgeräumt und verladen.«

Die gedrückte Stimmung war schwer auszuhalten, darum entschied ich mich, noch am gleichen Tag nach Berlin zurückzukehren, auch wenn ich wieder laufen müßte. Opa hat mich beladen mit Büchsen, Kartoffeln, Gemüse, bestimmt fünfzig Kilo Gepäck schleppte ich auf meinem Rücken davon.

Wieder ruff auf den Bahndamm, und das Glück war mir hold. Denn als ich nach drei Kilometern Kienberg erreicht hatte, standen da schon viele Menschen und erwarteten einen angekündigten Zug nach Nauen, der dann auch eine Stunde später eintraf. Nachts um zwölf bin ich in Neukölln gelandet. Dauernd war da dieses trostlose Bild vom Opa in seiner Baracke in meinem Kopf. Er tat mir unendlich leid, weil ich spürte, wie einsam und bedürftig er war, und als ich Maria mein Erlebnis in Börnicke schilderte, beschloß sie, sofort am Wochenende mit mir wieder dorthin zu fahren.

Durch meine vielen Hamstertouren und Mutters Arbeit bei den Amis ging es uns gar nicht so schlecht. In Neukölln hatten sich inzwischen Freundschaften entwickelt, zu Peter, Conny, Hotte, später noch zu Long, der eigentlich Alfred hieß. Wir nannten uns »die vier Musketiere« und bildeten für eine lange Zeit so etwas wie eine Gang. Wir fuhren zum Hamstern über Land, hörten Radio, gingen zum Tanzen, Boxen, Rudern oder zum Klauen, alles immer zusammen. Unsere Mädchen- oder auch Frauengeschichten besprachen wir gemeinsam, halfen uns gegenseitig, so gut es ging.

Das Arbeitsamt meldete sich wieder mal bei mir. Ich war der Polizei auf dem Schwarzen Markt aufgefallen, und bei einer Razzia in einem Kreuzberger Tanzlokal am Pionierplatz erwischten sie mich beim Handel mit Amizigaretten. Auf dem Polizeirevier mußte ich mich erklären. Von wo die Zigaretten stammten und auf welche Schule ich ginge, Lehrstelle, Elternhaus, alles wurde abgefragt und von mir nichts richtig beantwortet. Das hatte einen Polizeibesuch bei uns zu Hause zur Folge. Natürlich war dadurch auch Maria in Gefahr, denn die Zigaretten waren während ihrer Putzarbeit in Zehlendorf bei den Amis »mitgegangen«. Aber mein verstecktes Lager auf dem Trockenboden bei uns unterm Dach in der Schillerpromenade war gut gewählt, nichts war zu finden für die Schupos.

Ich folgte der amtlichen Aufforderung, es gab eine offizielle Berufsberatung. »Orthopädiemechaniker« wurde mir angeboten, ich verstand »Automechaniker« und war verwundert, denn außer den Alliiertenfahrzeugen gab es kaum Autos auf Berlins Straßen. Das Mißverständnis klärte sich gleich auf, denn der Berater hatte auch Schwierigkeiten mit dem Wort Orthopädie gehabt, das er vor sich hinnuschelte und das ich überhaupt nicht kannte. Er meinte, es gebe viel zu tun nach diesem Krieg, und außerdem hätte dieser Beruf eine Zukunft. Ich sagte: »Mann bloß nicht, ich hab noch die Schnauze voll vom letzten.«

Ich nahm den Vermittlungszettel, behielt ihn ein paar Tage in der Tasche, um mir Zeit zum Nachdenken zu verschaffen. Dann wagte ich mit gemischten Gefühlen den Vorstellungsbesuch. Mir steckte noch der

Dachdeckermeister in den Knochen. Die Firma Windler hatte ihre Orthopädischen Werkstätten gleich um die Ecke von uns, in der Lichtenrader Straße.

Auf dem Hinterhof in einem ehemaligen Fabrikgebäude, zweite Etage – der Fahrstuhl noch nicht in Betrieb –, waren die Büro- und Arbeitsräume eingerichtet. Als ich das Treppenhaus betrat, hörte ich von oben ein lautes und albernes Lachen. Sie kamen mir entgegen – drei Rotarmisten, vor Freude völlig außer sich, etwas alkoholisiert, feierten sie das neue Bein des einen Kameraden – ein Holzbein. Die Hose hochgekrempelt, demonstrierte er mir stolz seine Errungenschaft, zeigte nach oben und sagte: »Spezialist, Karascho, große Spezialist, Karascho!« Was soviel hieß wie: Großer Könner, und immer wieder gut, sehr gut, sehr, sehr gut. Ich war sicher, daß dieser Soldat sich erst mal keine neue Hose besorgen würde!

Die täglichen Erlebnisse dieser Monate nach dem Krieg waren Wechselbäder für mein Gemüt. Einmal Wut, dann Mitleid oder Trauer, dann wieder Freude, mein seelisches Barometer sauste rauf und runter. Jetzt fielen mir auch wieder die vielen Schwerverwundeten auf dem Hauptverbandsplatz ein, die Ärzte, die rund um die Uhr operiert und amputiert hatten. Das russische Lachen verklang im Hof, mit einem Ruck mußte ich mich von den Erinnerungen befreien und stieg die Treppe weiter nach oben. Der Meister Otto Potenberg war eine imposante Erscheinung, ich merkte gleich, hier war Respekt angesagt. Er war ein Herr, am Theater nannte man früher solche Figuren

»Père noble«. Er strahlte eine große Ernsthaftigkeit aus und verfügte über sehr genau blickende Augen. Ich fand ihn gleich am Eingang im Gespräch mit einem Bandagisten. »Komm mit«, sagte er, »wir gehen in mein Büro.« Auf dem Weg dahin stand für mich schon fest, hier fängste an.

Mein erster Eindruck hat mich selten getäuscht, auch später, immer wieder hat sich der erste Eindruck bestätigt. Ich unterschrieb den Lehrvertrag für eine Laufzeit von dreieinhalb Jahren, beginnend mit der ersten Woche 1946. Meine Mutter mußte auch unterschreiben, sie war aber gar nicht so begeistert von meinem Entschluß, sie war irritiert. Die Firma Gettwart in der Köpenicker Straße, bei der ich 1944 meine erste Stelle als kaufmännischer Lehrling angetreten hatte, war zerstört, an weitere Ausbildung dort nicht zu denken. Das Fiasko mit dem Dachdeckermeister hatte ich gerade hinter mir, und Maria konnte und wollte mit dem Beruf »Orthopädiemechaniker« erst mal nichts anfangen.

Es ging auf den Winter zu, und ich überschlug mich jetzt förmlich mit den unterschiedlichsten Aktivitäten. »Noch biste frei«, sagte ich mir, »kannst dich austoben, die Lehrzeit wird hart und regelmäßig.«

Ich war schon lange nicht mehr im Kiez rund um die Münzstraße gewesen, hinter dem Alexanderplatz. Noch bis Kriegsende liefen da die Tageskinos auf Hochtouren. Wenn ich früher die Schule geschwänzt hatte oder wenn sie aus Lehrermangel ausfiel, war ich dort in einem der Kinos zu finden. Auch im Märkischen Museum verbrachte ich viel Zeit.

Über die Jannowitzbrücke bis zum Rosenthaler Platz lief ich heute, durchwanderte das ganze Viertel zwischen Alex und Stettiner Bahnhof. Hier war zwar viel zerstört – der Bahnhof ein einziges Eisengerippe –, aber es war auch noch einiges stehengeblieben und schnell wieder bewohnbar gemacht worden. Ein Kino hatte den Betrieb schon wieder aufgenommen. Da lief ein russischer Spielfilm, aus dem keiner schlau wurde, ganz wenig untertitelt, mit einem krächzenden Ton, viel zu laut. Wir fanden den Film saukomisch und lachten, wenn alle paar Minuten ein Traktor beim Ernten durchs Bild sauste und der Fahrer glücklich in die Kamera winkte und dabei fürchterliche Grimassen schnitt. Irgendwie ging es um die Helden der Arbeit auf einer Kolchose.

In den Kinos war es ein bißchen geheizt, die Menschen rückten zusammen, kamen sich näher, alle steckten wir in demselben Schlamassel: Hunger, Kälte, Not. In Neukölln in der Hermannstraße waren auch schon wieder zwei Kinos in Betrieb, da liefen Dokumentarfilme – über die Vernichtungslager der Nazis –, gefilmt von der Alliierten Berichterstattung. Zwei dieser Filme hatte ich mir dort schon angesehen. Ich konnte es kaum glauben, ein Grauen packte mich, verfolgte mich nächtelang.

Onkel Walter fiel mir wieder ein und seine Horden, die sich SS nannten. Und das alles war gerade ein paar Monate her. In welcher Welt hatte ich gelebt?

Aus dem Kino in der Münzstraße kommend, entdeckte ich jetzt Manfred, einen Jungen in meinem Alter, fünfzehn waren wir, und jeder von uns hatte schon eine schlimme Lebensgeschichte hinter sich. Manfred war in meinem Fähnlein gewesen, wir kannten uns von den vielen Singabenden und Dienststunden bei den Pimpfen. Unser Fähnleinführer Hans-Dietrich hatte sich nach Westen abgesetzt, berichtete Manfred, und dann erzählte er mir von seinem Glück, wieder in Berlin zu sein, denn die meisten der Jungens aus unserem Haufen waren nach Sibirien verfrachtet worden.

Wir standen in der Eingangshalle des Kinos, es war kalt, ein eisiger Wind zog durch die undichten Türen von der Straße rein, und Manfred erzählte mir seine Geschichte: Er war in der Nähe unseres Bunkers am Spittelmarkt gefangengenommen worden. Mit vier anderen Jungens hatte er sich vorher am Dönhofplatz in einem Kellergewölbe versteckt, in der Hoffnung, dort das Kriegsende zu überleben. Dort wurden sie aber in ihren Uniformen aufgestöbert und zu den gefangenen Wehrmachtsangehörigen gebracht.

Am Potsdamer Platz gab es eine Sammelstelle für die Gefangenen, bevor sie in großen Kolonnen weitermarschieren mußten, Richtung Osten. Hier hatte Manfred versucht, die Fliege zu machen, wie er sagte. Hinter einem ausgebrannten T34 wollte er langsam verschwinden, stürzte aber über einen russischen Major, der da hockte und gerade sein Geschäft verrichtete. Im Fallen klammerten sich beide aneinander, um sich vor Verletzungen zu schützen. Der Offizier war ziemlich blau und hatte nach Manfreds Meinung ein sonniges Gemüt, denn der lachte sich nur kaputt über die Karambolage, zog dann aber seine Pistole, brüllte »stoi!« und forderte Manfred auf, ihm zu folgen. Ein paar Meter weiter stand ein Jeep mit Fahrer. Manfred mußte sich in den Wagen setzen und sah die anderen Jungens in der Kolonne weiterlaufen, verschwinden für immer. Der Jeep begleitete den Gefangenenzug noch eine Weile im Schrittempo, dann reichte der Russe ihm eine Flasche Schnaps nach hinten. »Nastarovie Pachjulie dawei dawei, Weuna kaputt.« Manfred war sehr schnell betrunken, aber der Ivan verlangte nun Gesang von ihm. Und weil auch er keine anderen Lieder hatte als die der Nazis, sang er das HJ-Lied »Flamme empor«.

»Weeste, Jünta, im Kino eben habt ihr alle über den Traktorfahrer gelacht, aber die sind so, wie mein Ivan, unberechenbar, die haben nen janz anderen Humor«, stellte Manfred fest. »Jedenfalls sind wir erst am nächsten Abend in Frankfurt/Oder in einer ehemaligen Wehrmachtskaserne gelandet.« Der Major hielt sich Manfred dort wie einen Tanzbären, zwar ohne Ring durch die Nase, ohne Kette am Bein, trotzdem, gefangen mit Wodka in einer Vorratskammer eingesperrt.

Wenn Ivan vom Dienst kam, wurde getrunken, gesungen und getanzt. Mit der Zeit konnte Ivan das Deutschlandlied singen, Manfred schaffte schon Kalinka und konnte bald Krakowiak tanzen. Er mußte des Majors Stiefel putzen und die Stube kehren, wenn für Stunden der Schnaps alle war und Ivan eine tiefe Traurigkeit überfiel.

Der Fahrer und Adjutant des Majors, Kolja, blieb immer nüchtern, stumm ertrug er die Exzesse seines Vorgesetzten mit unendlicher Geduld. Stets war er anwesend, immer ausgleichend und schützend, erzählte Manfred.

Nach zwei Wochen holte Kolja den Manfred morgens schon ganz früh von seiner Matratze, trieb zur Eile und kommandierte ihn in den bereitstehenden Jeep. Manfred bekam gerade noch mit, daß Ivan in der letzten Nacht nicht im Quartier angekommen war, bevor die Fahrt losging. Vorbei ging es an überfüllten Gefangenentransporten, die in Richtung Osten unterwegs waren, aber Kolja fuhr nach Westen! Zur Überraschung Manfreds sprach der Russe plötzlich ein paar Sätze in gebrochenem Deutsch: Er fährt nach Berlin zu Kommandantura, hat Befehl von Major, Malinki – so nannte der Ivan den Manfred immer – raus zu seiner Matka in Berlina mitzunehmen.

In Karlshorst ließ er Manfred aussteigen, übergab ihm ein Paket mit Butter, Brot und Speck. Kolja sagte noch: »Major sprechen, Scheißen bringt Glück!«

Das war Manfreds Geschichte, wie er mit dem Leben davongekommen ist. Seine Mutter fand er bei der Oma in Friedrichshain, denn die war auch wohnungslos geworden. Wir verabredeten uns für den nächsten Tag auf der Jannowitzbrücke.

Für mich hatte der Abend aber noch eine Überraschung bereit.

Ein leichter Frost setzte ein, und die Luft roch nach Schnee. Über dem verstümmelten Alex tanzten ganz dünne Schneewehen, es wurde dunkel, die Straßen waren glatt und menschenleer.

Ich konnte nicht anders, es zog mich immer wieder über die Jannowitzbrücke, durch die Köpenicker Straße zur Adalbertstraße auf meinem Weg nach Neukölln. Ein Umweg, ja, aber ich war noch längst nicht abgenabelt von meiner jüngsten Vergangenheit. Meine Erinnerungen fingen an, sich in meinem Kopf zu überschlagen: Die U-Bahn-Station »Neanderstraße«, dann rechts der Michaelkirchplatz mit Willi und Maria, mein Klavier, die Hyazinthen, die Einsegnung, die Bombennächte, die Bombe, Fromme, und immer wieder Mutti, wenn sie weinte und lachte.

Die Zeit lief mir durch den Kopf, rotierte durchs Hirn, tat weh, tat gut, war vorbei, tat immer noch weh. Die Schule, die Post, die Firma Gettwart, der Eisladen, das Odeon-Kino, alles kaputt, ausgebrannte Ruinen, in Trümmern.

Nur die Spree war unverändert in Bewegung, gleichmäßig fließend, schnell die Stadt durchlaufend, als schämte sie sich für die Menschen.

Wenn der Fluß Augen hätte, er würde sie hier zumachen. Vollkommen in Erinnerungen versunken, hatte ich die Adalbertstraße erreicht, in die ich rechts abbiegen mußte. Ein rumpelnder Lastwagen mit Anhänger bog ebenfalls langsam, vom Schlesischen Tor kommend, in die Adalbert ein. Ganz schnell war ich wieder auf dem Boden der Tatsachen. Da kletterste hinten druff, sagte ich mir, die Richtung stimmt, und ab zum Kottbusser Tor.

Die Straße war leicht überfroren, ich rutschte aus, fiel hin, aber Sprung auf, marsch, marsch, gelernt ist gelernt bei der HJ, und schon hing ich fest an der hinteren Ladeklappe. Handschuhe hatte ich keine, meine Finger brannten, taten weh. Der Wagen fuhr nicht sehr schnell, so war der Fahrtwind zu ertragen.

Die Füße hatten auf einem Mittelstreben unterhalb der Klappe einen festen Stand gefunden. Die Ladefläche war nicht überdacht, sondern mit einer Plane abgedeckt und gut verschnürt. Das weckte meine Neugierde, den Spürsinn für Brauchbares. Und es war gar nicht so schwer, die Verschnürung zu lösen und die Plane in meiner Ecke etwas zur Seite zu ziehen.

Mir blieb vor Freude die Spucke weg! Marmeladeneimer auf der gesamten Ladefläche, bestimmt hundert. Klar, warum der so langsam fuhr. Einen Deckel konnte ich abheben, mit den Fingern, eiskalt gefroren, langte ich in den Inhalt des Eimers. Sieht aus wie Butter, dachte ich.

Beim Schmecken stellte sich raus – es war Kunsthonig! Auch gut, jubelte es in mir. Gar nicht so einfach, die Eimer da rauszuheben. Zwei Stück warf ich auf die Straße und landete dann im Rinnstein hinterher. Ich brüllte vor Schmerzen. Beide Beutestücke waren etwas demoliert, aber brauchbar. Heulend lief ich hin und her, um durch die Bewegung den Schmerz zu lindern. Die Straße war leer, niemand konnte von dem Raub etwas bemerkt haben, der Lastzug war längst außer Sichtweite.

Zwei Fetzen Futterstoff riß ich mir aus der Joppe, wickelte sie zum Schutz um meine Hände und lief mit der Beute los, weiter nach Neukölln, durch die Graefestraße, den Jahnpark, und kam unbehelligt in der Schillerpromenade an.

Maria verarztete meine geschundenen Hände, und zur Mitternacht hatten wir dreißig Pfundpakete da liegen, die ich am nächsten Tag schon wieder weiter verscherbelte gegen Brotmarken oder Speck. Für Manfred hatte ich auch ein Paket eingepackt, das nahm ich mit zu unserer Verabredung.

Im Oktober 45 waren wir umgezogen, vom dritten Stock nach Parterre, die ehemaligen Mieter waren wieder nach Berlin zurückgekehrt. Schade, die hätten doch noch etwas länger oder ganz wegbleiben sollen, denn die von uns besetzte Wohnung war in den vergangenen Monaten unser Zuhause geworden. Da unten mußten wir erst mal alles instand setzen. Die drei Fenster komplett mit Brettern vernageln, mit alten Matratzen abdichten, zustopfen.

Aber jetzt, im Winter, fraß sich die Kälte auch da durch, viele Wochen hatten wir bis an die zwanzig Grad minus im Zimmer. Die Wasserrohre eingefroren, Toilette kaum benutzbar, mit kochendem Wasser gelang es manchmal, sie aufzutauen. Die schönsten Treppengeländer und Möbel haben wir damals zersägt und im Kachelofen verheizt. Sobald der ausging, klirrte die Kälte in der kleinen Einzimmerwohnung, unerträglich. Die ständige Suche nach Brennbarem und nach Nahrung bestimmte unser Leben. Maria und ich, wir unternahmen in den Ruinen die halsbrecherischsten Kletterpartien, um an Holz zu kommen, oft lebensgefährlich. Die Bezirksverwaltung suchte Leute, die sich zum Holzfällen in den Wäldern südlich von Berlin freiwillig zur Verfügung stellten, zwei Festmeter Holz frei Haus gab es als Lohn für eine Woche

Arbeit. Das geschlagene Holz sollte an alte Mitbürger in Neukölln verteilt werden.

Um sieben Uhr morgens zottelte also ein alter Lastwagen mit uns zwanzig Freiwilligen die Sonnenallee entlang Richtung Süden. Über Mittenwalde, Zossen ging die Fahrt, und irgendwo zwischen Luckau und Finsterwalde verschwand der Wagen nach Osten in die Wälder.

Eine schneidende Kälte empfing uns, man konnte sich kaum mehr bewegen. Die Unterkunft war ein Brettergestell mit Heu und Stroh. Jeder von uns hatte etwas Proviant im Rucksack, jämmerlich wenig, das Brot steinhart gefroren, ungenießbar. Ein Lagerfeuer wärmte uns für kurze Zeit, dann kuschelten sich zwanzig Alte und Junge zum Schlafen aneinander.

Der Schnee lag schon sehr hoch, bestimmt einen halben Meter, aber die Stämme sollten so knapp wie möglich über dem Boden abgesägt werden, verlangten die Aufseher, die uns mit ihren Anweisungen den ganzen Tag peinigten. Zur Nacht verschwanden die bestimmt in irgendwelchen warmen Betten. Schon nach vier Tagen hatten wir unser Soll erfüllt, landeten völlig erschöpft, restlos ausgehungert und ausgemergelt in unseren Neuköllner Wohnungen. Maria hatte inzwischen wieder einiges bei den Amis »organisiert«, ich futterte eine Büchse Corned Beef leer und schlief endlich wieder in einem warmen Zimmer bei zwei Grad plus ein.

Es bleibt weiter eisig kalt.

Jeden Morgen pünktlich um acht Uhr in der Werkstatt erscheinen, bis 16.30 Uhr mit zwei kleinen Pausen von je fünfzehn Minuten an der Werkbank arbeiten für ein Taschengeld, das nichts, aber auch gar nichts wert war. Das brachte mich in Zwiespalt. Ich hatte meine Freiheit dafür aufgegeben. Das wollte mir nicht in den Kopf. Meine Unruhe wurde wieder stärker.

»Lehrjahre sind keine Herrenjahre«, verkündete täglich der Werkstattmeister, Herr Rüpelmann, und pfiff ständig den doofen Schlager aus Adolfs Zeiten: »Sing ein Lied, wenn du mal traurig bist.« Aber meine Trauigkeit war so groß und meine paar Lieder zu wenig, um sie zu besiegen.

Was hatte ich mit für die Pausen: Drei Scheiben Brot, mit Salz auf dem Ofen geröstet, eine Mohrrübe, alle Tage mal ein Ei, Wasser aus der Leitung, das war immer noch mit Vorsicht zu genießen. Auch am Sonnabend wurde gearbeitet, denn das Geschäft mit Kunstgliedern lief auf vollen Touren.

An manchen Tagen saß ich in den Pausen da und träumte bloß vor mich hin. Das überschlug sich alles in meinem Kopf und fand keinen Weg. Ich erschrak, wenn Rüpelmann mich anstieß und sagte: »Brauchste ne extra Einladung, wach uff, die Pause ist um.«

Die Vorfreude auf das Wochenende war jedesmal riesig, denn dann ging es wieder raus aufs Land zum Hamstern und Organisieren, das waren Abenteuer, da konnte man sich anders beweisen, da konnte ich mir selber befehlen.

Einmal in der Woche war Berufsschule. Das Wort »Schule« löste bei mir Panik aus, quälte mich von früher her. Diese Facharbeiterschule am Gesundbrunnen bekam mich dann auch nicht oft zu sehen, die schwänzte ich regelmäßig, ich war lieber auf Tour, auf den Zügen der Reichsbahn, auf dem Land beim Hamstern oder auf dem Schwarzen Markt. Am liebsten eben unterwegs.

Einiges hatte ich ja schon in der Werkstatt gelernt: Zum Beispiel Messingrohre, in Scheiben abgeschnitten, gut gefeilt sowie poliert, verkauften sich bestens als goldene Eheringe. Vor allem die russischen Besatzer fielen auf die Dinger rein, aber die machten mir den Betrug leicht, denn die Freude bei denen war groß. Zwei Brote und ein Pfund Speck waren im Gegenzug gut bei mir aufgehoben, und auch ich hatte meine Freude.

Im Laufe des Sommers wurden meine Krankmeldungen bei der Firma häufiger, bald trieb ich mich nur noch herum. Mal bei den Amis in Zehlendorf, für ein paar Tage als Müllarbeiter, dann handelte ich wieder mit Kartoffeln und Zwiebeln, die ich zentnerweise ranschleppte. Mein Haupttauschobjekt waren jetzt Präservative, »Silvertex«, die standen kistenweise für die GIs in deren Unterkünften bereit, und zwei Hände voll davon genügten schon für einen guten Tausch mit der Landjugend. Pariser für Kartoffeln und Zwiebeln, lautete jetzt die Losung. Maria versorgte mich mit aussortierter Kleidung der US-Army, so wurde ich für die Ordnungshüter der verschiedenen Nationen auffällig.

Mein Freund Peter aus der Kopfstraße lebte mit seinen Eltern von Gelegenheitsarbeiten, machte dies und das. Peter wurde mein bester Freund, wir verstanden uns prima. Sein leichter Sprachfehler – er stotterte etwas – ließ ihn meistens verstummen, wenn wir draußen unterwegs waren. Dann beschränkten sich unsere Gespräche auf das Notwendigste. Blieben wir aber zu Hause, sprach er ungehemmt, ganz normal. Das Problem war: Wenn wir später zum Tanzen gingen, brachte er nicht mal das »Darf ich bitten« über die Lippen. Sein Schweigen machte ihn aber interessant für die Mädchen, denn er sah blendend aus.

In Magdeburg auf dem Hauptbahnhof, der Zug nach Berlin steht abfahrbereit. Peter und ich haben unsere »Ware«, dreieinhalb Zentner Zwiebeln, im Bremserhäuschen eines Personenwaggons verstaut, als es mich noch mal in den großen Wartesaal treibt. »Bin gleich wieder da, mal gucken, ob's noch was abzustauben gibt.« Der Saal voller Menschen, an der Theke der Restauration war außer gefärbtem Wasser, das als Limonade verkauft wurde, nichts zu bekommen. Die russische Militärpolizei – ein höheres Tier und zwei Begleiter – bahnten sich einen Weg zu mir durch den Saal. Der Auslöser waren wohl meine US-Klamotten. Also, Hände hoch, und schon wurde ich abgetastet und abgekloppt. Nichts Verdächtiges fanden sie, bis auf ein paar »Silvertex«-Päckchen, kleiner Rest meiner Tauschobjekte.

»Stottakoi?« Was ist das, war die drängende Frage des Obersten. Die Leute um uns herum wurden aufmerksam. Peinlich, so als Sechzehnjähriger in der Öffentlichkeit. Mir blieb nichts weiter übrig, als das Corpus delicti zu demonstrieren. Aus der Stanniolhülle löste ich den Gummi, rollte ihn über einen Finger und stammelte »Fickificki«. Rundum brach ein riesiges Gelächter aus, aber das war falsch, falsch. Hört doch auf, dachte ich, denn der Ivan fühlte sich jetzt von mir verarscht.

Ein kurzer Befehl, und einer der beiden Soldaten führte mich mit vorgehaltener MP ab »nach Kommandantura«. Draußen stand der Zug mit Peter, bereit zur Abfahrt. »Verdammter Mist, was mach ich bloß, ich muß hier türmen«, ging es mir durch den Kopf. Die Flügeltür zum Bahnsteig öffnet sich, mein Bewacher stutzt und beginnt lauthals zu lachen, in der offenen Tür steht ein Soldat, ein Kumpel von ihm, ein Kriegskamerad, Umarmung, lange nicht gesehen, Freude des Wiedersehens von zwei Menschen, die überlebt hatten. Der nächste Tisch wird von den beiden besetzt, ich stehe daneben, werde vergessen. Vor der Tür steht der Zug, sie trinken Schnaps, es vergehen Minuten, ich mache mich bemerkbar, mein Bewacher hält mir fordernd die Hand entgegen, grinst und sagt: »Fickificki, dawei, dawei.« Na klar, er bekommt die restlichen »Silvertex«, draußen pfeift die Lok zur Abfahrt. Einen kleinen Wink meines Bewachers verstehe ich richtig, und schon bin ich bei Peter im Bremserhäuschen. Der Zug verläßt fauchend den Bahnhof. Die beiden Kriegskameraden hatten mein vollstes Verständnis, ihre Freude war auch meine geworden.

Es ist Dezember 1946. Die Kälte frißt sich durch die Klamotten an den ausgehungerten Leib. S-Bahnhof »Hermannstraße«. Der Bahnhof ist wie leer gefegt. Die Menschen im unbeheizten Warteraum haben sich zu einem Klumpen zusammengedrückt, um sich zu wärmen. Mir ist so eine Nähe unangenehm, und so muß ich hier draußen diesen eisigen Wind ertragen. Auf dem Gleis neben der S-Bahn schiebt sich ein Güterzug durch den vom Mond beleuchteten Abend, begleitet vom Klicken der Räder. Zischend arbeitet die Lok, läßt den Dampf ab, der sich, vom Frost überfallen, sofort in weiße Wolken verwandelt. Auf der Breitseite ist immer noch zu lesen »Räder müssen rollen für den Sieg«, die drübergestrichene Farbe wollte diesen Spruch einfach nicht abdecken.

Ich weiß jetzt seit über einem Jahr von Auschwitz. Diese Bilder – Güterzüge vollgestopft mit Menschen – sind in meinem Kopf aus den Filmen der Alliierten über die Konzentrationslager, die ich mir immer wieder fassungslos angesehen habe, haften geblieben. Noch während ich auf den vorbeirollenden Güterzug starre, ist mir, als hörte ich das Jammern und Rufen der Menschen aus den Waggons. Güterzüge sind für mich etwas anderes geworden, sie verbreiten Entsetzen in mir. Und das soll sich jahrelang nicht ändern.

Meine S-Bahn Richtung Westkreuz fährt ein, ist überfüllt, ich presse mich in die Menge. »Türen schließen. Zurückbleiben.« Ich fahre ab, zurück bleibt mein Blick, hält am Güterzug fest, der Richtung Osten dampft. Immer wieder die Bilder, die Rampe, die leer geräumten Waggons, grelle Scheinwerfer und »Arbeit macht frei«.

Nächste Station ist »Tempelhof«, ich muß nach Charlottenburg weiter, Stoff für einen Anzug besorgen.

Die Wohnung in der Leinestraße war nun unser festes Zuhause, da bestand keine Gefahr mehr, rausgesetzt zu werden, denn Mutter hatte bei der Wohnungsbaugesellschaft wieder eine Anstellung als Portiersfrau angenommen. Die Zweieinhalb-Zimmer-Wohnung war »mietgeldfrei«, dazu gab es noch ein lächerliches Monatsgehalt. Dafür galt es, acht Aufgänge bis zur vierten Etage hoch, den Hof und die Kellerräume zu putzen und im Winter den Schnee vor den Häusern wegzuschippen. Maria und ich hatten diese neue Wohnung sehr schnell möbliert, aus allen Stadtteilen schleppten wir zusammen, was zusammenzukriegen war.

Das halbe Zimmer, mehr eine Kammer, bezog ich. Ein Eisenbett, ein alter Schrank, ein Vertiko, ein Couchtisch, ein Sessel, und die Kammer war voll, man konnte sich kaum noch bewegen. Ein schmiedeeisernes Gitter, von außen angebracht, schmückte das kleine, etwas höher liegende Fenster. Das war gut so, denn die Wohnung lag im Parterre. Damals gehörten diese Wohnblöcke noch zu den Neubauten der dreißiger Jahre, sie grenzten mit der Oderstraße direkt ans Tempelhofer Flugfeld.

Den großen Kellerraum hatte ich auch gut eingerichtet: Einen Hühnerstall mit vier Legehennen gab es jetzt hier, und die mit Brettern abgeteilten Buchten waren gefüllt mit Kartoffeln, Kohl und Rüben aus Börnicke.

Großvater Chiepluch kam zu Besuch, aber er hielt es keine zwei Tage aus in der Stadt, dann trieb es ihn wieder in die Wälder der Mark, die seine Welt waren. Dabei hatten wir gehofft, er könnte bei uns in Neukölln ansässig werden. Und auch meine Schwester Uschi verlagerte so langsam ihren Lebensmittelpunkt zu ihrem Verlobten nach Hannover.

Irgendwann mußte Willi auftauchen, wir hatten mittlerweile Nachricht, daß er in Gefangenschaft bei den Engländern in Kärnten wohlauf sei, bald würde er entlassen werden. Maria und ich, wir hatten uns inzwischen eine gute Basis zum Leben geschaffen. Mein Lehrvertrag zum Orthopädiemechaniker lief bis Herbst 1949, danach würde ich gut verdienen, aber bis dahin mußten wir hier erst mal durch.

Für unser bißchen Lebensqualität haben wir ganz schön schuften müssen. Genau betrachtet bestand jeder Tag aus achtzehn Arbeitsstunden. Die Wassereimer mußten in die Treppenhäuser raufgeschleppt werden, und im Winter den ganzen Schnee schieben ...

In meiner Werkstatt arbeitete ich täglich mindestens achteinhalb Stunden, samstags bis Mittag, keine leichte Sache, so eine Lehre, zum Teil richtige Schwerstarbeit. Pappelholz aus dem völlig verwüsteten Tiergarten holten wir mit Handkarren zu uns in die Lagerräume, zu der Zeit das beste Material zur Verarbeitung für Beinprothesen. In der Schmiede trugen wir altes Eisen zusammen und verwendeten es zum Bau von Stützapparaten und Scharnieren. Eine harte, aber gute Ausbildung. Und ein großartiger Lehrmeister, der Potenberg, der es verstand, mich zu führen, indem er hinter mir blieb, er ahnte, spürte meine Interessen auf. Ein guter Vater für mich.

So waren Kinokarten für Samstagabend im »Cinéma Paris« oder ein Besuch im »Theater am Kurfürstendamm« keine Seltenheit. Potenberg sagte dann nur: »Du kommst doch am Samstag mit uns in den neuen Film, nicht wahr?« So gefragt gab es bei ihm keine Widerrede.

Für kleinere Reparaturarbeiten war ich bei den Mietern in unserem Block oft gefragt. Nun kam aber mit der Zeit noch eine weitere Gefälligkeit dazu: das Schlachten von Kaninchen. Es hatte sich herumgesprochen, wie perfekt der Jünta vor ein paar Tagen im Hof einen Stallhasen geschlachtet hatte, und ob ich nicht mal vorbeikommen könnte. Da hatten sie sich auf den Balkonen ihre Fritzchens und Mäxchens gemästet und zu Familienmitgliedern gemacht, und keiner konnte sie mehr töten.

Für mich war das nicht so schwierig, denn in Masuren oder zuletzt auch in Börnicke beim Chiepluch hatte ich das Schlachten von Federvieh und Kaninchen richtig gelernt. Jedenfalls wurden die Mäxchens und Fritzchens von den Leuten trotzdem immer verspeist, die Vorderläufe und Innereien allerdings gab's immer für mich als Belohnung. Neuerdings hatte ich einen Kunden in der Lichtenrader Straße, der legte zur Belohnung noch zwei Freikarten für das Deutsche Theater in der Schumannstraße drauf. Später erfuhr ich, der Mann war dort Requisiteur. Berühmte Aufführungen bekam ich so zu sehen, »Romeo und Julia« mit Horst Casper, den »Nathan« mit Paul Wegener. Und immer hatte ich eine Freundin mit dabei, der ich mit diesen Theaterbesuchen ziemlich imponierte. Ich war fein raus, die Karten waren umsonst, verschafften Eindruck, und – es war geheizt im Theater. Ich baute dem Mann noch zwei Kaninchenställe dazu!

Ob du es willst oder nicht, Glenn Millers »In the mood« und die »Moonlight serenade« geht in die Ohren, will nicht mehr raus aus dem Kopf, will immer mehr. Was für eine herrliche Musik lerne ich jetzt kennen, was für ein Lebensgefühl erfüllt mich, macht mich frei! Marschschritt, Kadavergehorsam, ade, auf Nimmerwiedersehen. »Frolik at five« heißt die Sendung des AFN Berlin, eine Stunde lang! Ich rase nach Hause, um vom ersten Takt an dabeizusein, wenn Harry James die Trompete bläst oder Louis Armstrong die »Blue Berry Hills« besingt.

Mein Gott, was für eine Musik! Was macht die mit mir? Die Zeit ist immer noch verdammt schwer, aber alles ist zu schaffen mit dem »Chatanuga Chuchu« auf den Lippen und nem Boogie im Bauch. Amerika, du hast es geschafft, du hast mich einverleibt!

Bei uns in Neukölln gibt es schon die ersten Tanzlokale. Das NW Casino und »Kliems Festsäle« an der Hasenheide sind am Wochenende immer knallvoll, und großartige Tanzorchester spielen da. Boogie Woogie mußt du können oder dich auf den Blues einlassen.

Mir gelingt das vollkommen, und die Mädchen spüren das.

Einen Anzug brauchste jetzt, am besten so einen aus dem »Esquire«-Magazin der Amis. Ein Schneider in der Weisestraße soll so einen machen. Woher der Stoff dazu kommt, weiß man nicht, aber dreieinhalb Zentner Kartoffeln braucht der Meister schon als Bezahlung. Also raus in die Mark Brandenburg und »organisiert«, was die Felder und die Bauern hergeben. Die Wochenenden waren erst mal futsch. Aber ein Anzug muß jetzt sein.

Ich möchte eine Freundin haben. Umarmungen. Manchmal ist es ganz schlimm, wenn mich die Pin-up-Girls von meiner Zimmerwand so anstrahlen.

Der Anzug ist fertig.

Viel zu dicker Stoff, ich schwitze, denn es ist Sommer in der Stadt. Ein neues Tanzlokal hat eröffnet, direkt am Flughafen Tempelhof, auf der Neuköllner Seite, »Café Stadionterrassen«. Conny, Peter, Long und ich, wir sind heute nicht zum Training in den Ruderclub gefahren, sondern zur Eröffnung dieses Tanzschuppens erschienen. Eine sehr gute Combo gibt hier ihren Einstand, es ist ein wunderschöner Sommersonntagnachmittag in Neukölln. Wir sitzen draußen auf der Terrasse.

Überwiegend junge Leute sind heute hier, und da fällt eine einzelne Frau Mitte Dreißig, allein an einem Tisch sitzend, schon auf. »Eigentlich viel zu mondän für den Laden hier«, dachte ich, »mehr Dame, ein bißchen dem ›Esquire‹ entsprungen.« Meine Favoritin derzeit im Kino war Rita Hayworth, und diese Dame hier in den »Stadionterrassen« hatte ne Menge von meinem Star. Ich, ach was sage ich, wir vier waren fasziniert von dieser Erscheinung.

»Wer wagt es, Rittersmann oder Knapp?« sagte Conny und guckte erwartungsvoll in die Runde. Wer hat den Mut, mit dieser Diva ein Tänzchen zu wagen? Jünta hat den feinsten Zwirn an, tanzt am besten, Jünta muß ran. Nun hatten wir unseren Spaß. »Nicht stürmen«, dachte ich, »warte, bis der langsame Walzer kommt.« Mit der Körpersprache eines Gary Cooper setzte ich mich in Bewegung, steuerte mein Ziel an.

Kurze Verbeugung, es klappte, und schon führte ich die Auserwählte durch das Gedränge auf die Tanzfläche. Stumm schwebte ich mit meiner Diva durch die Menge, der Sprache beraubt. Meine Freunde feixten wie verrückt an unserem Tisch, nur Long starrte wie hypnotisiert zu uns herüber, die wir sehr schnell zu einer körperlichen Harmonie fanden.

Es war ein wunderbarer Moment, als ich diese Frau wieder an den Tisch geleitete und sie zu mir sagte: »Du tanzt phantastisch, wir müssen noch viel tanzen zusammen. Ich muß jetzt weggehen, please call me tomorrow. Du rufst mich an, ja?« Da hatte ich eine Telefonnummer und einen Namen, Lea Garen. Immer wieder schnupperte ich an meinen Händen. Das Parfüm regte mich auf. Am Montag arbeitete ich höchst unkonzentriert, ständig umkreiste ich das Telefon, und es verging ein langer Tag bis zum Feierabend.

Das Telefonieren ging gar nicht so einfach zu der Zeit. In unserer Umgebung gab es ganz wenige Leute, die über einen Anschluß verfügten. In der Ockerstraße wurde damals ein Verwaltungsbüro vom Leiter des Büros gleichzeitig auch bewohnt, Herr Schönemann. Und bei dem war eigentlich alles zu haben, nichts schien unmöglich. »Ist machbar«, sagte der immer, »aber kostet ne Kleinigkeit.«

Herr Schönemann war zu Hause, und ich konnte meine Herzensdame anrufen.Noch am selben Abend sollten wir uns treffen, in zwei Stunden im Tanzlokal »Casa Leon« an der Hasenheide. Schönemann feixte unangenehm, und ich raste wie besessen los, um mich zu Hause umzuziehen. Maria hatte einige Dinge mit mir zu besprechen, aber das ging an meinen Ohren vorbei, ich rannte aus der Wohnung, denn bis zur Hasenheide waren es zwanzig Minuten zu laufen.

»Einlaß ab 18 Jahren« war auf der Eingangstür vermerkt. Ich erschien dem Türsteher glaubwürdig, nur, bei einer Razzia – und die gab es häufig – wäre ich mit meinem behelfsmäßigen Ausweis bestimmt auf der Wache gelandet. Es war fast leer in den halbdunklen Räumen der Bar, zurückhaltend spielte ein Terzett Tangomusik. Ich hatte mich nach dem Lauf wieder gut gefangen, meine Aufregung im Griff.

Bei dem gedämpften Licht erschien mir Lea, die in einer Ecke saß, wahrhaftig wie eine Göttin aus Hollywood. Wunderschön, aufregend, voller sinnlicher Selbstsicherheit, begrüßte sie mich wie einen alten Bekannten. Auch mir war zumute, als hätten wir uns ewig nicht gesehen und wären doch schon lange verbunden. Als ich sie zum Tanzen in den Arm nahm, war sie kleiner als gestern. Die hohen Pumps hatte sie gegen Slipper ausgetauscht, und so ging es mit dem Boogie viel besser. Sie tanzte wie befreit. Aber von was befreit? Ich spürte ein Geheimnis.

Wir liefen durch den Jahnpark zu mir nach Hause, wir küßten uns, und der Weg dauerte eine Stunde, bis wir in meiner Kammer ankamen. Wie Kinder schlichen wir uns in die Wohnung, ließen das Licht aus, im Dunkeln suchten wir unsere Körper ab. Es waren unsere Laute, die Maria vor der verschlossenen Kammertür fragen ließen, was denn wohl mit mir los sei. »Nichts, nichts, Mutter, ich habe Besuch.« In dieser Nacht waren alle meine Träume Wirklichkeit geworden. Alles schien möglich, und ich war verliebt, verliebt wie noch nie. Ich glaube, auch Lea war glücklich, aber nur die eine Hälfte von ihr, die andere war das Geheimnis. Sehr ernst, rätselhaft kam sie mir vor.

Unser letzter Abend fand in einem US-Club in Charlottenburg statt. Dieser Jazzclub war nur für Amerikaner zugelassen. Allerdings sah ich da schon einige deutsche »Frolleins« mit ihren Freunden aus der Army tanzen. Es gab Jazz-live vom Feinsten und vieles zu essen, wovon man sonst nur träumte.

Zwei Stunden waren wir schon da, als sich zwei Riesen von der Military Police in den Raum schoben und eine Personenkontrolle durchführten. Mir schlotterten die Knie, als sich die beiden auf unseren Tisch zubewegten. Ihre Gesichter waren durch den weißen Helm mit dem Kinnriemen zusammengequetscht, die Kiefer arbeiteten unaufhörlich auf einem Gummi herum. Das waren Urlaute. Ich verstand aus dem Brei irgendwas mit »card«.

Lea hatte sehr schnell eine Kenn-Marke in der Hand, hielt sie dem Riesen unter die Nase, gab noch ein paar scharf und bestimmt gesprochene Sätze dazu, die beiden salutierten eifrig und verschwanden wieder. Ganz zart legte Lea ihre Hand auf meinen offenstehenden Mund und sagte leise: »Komm, wir tanzen.«

»I love you for sentimental reasons« spielte die Band. Noch heute ist das meine Lieblingsnummer.

Das war eine Woche vor Weihnachten. Ein paar Tage später ist Lea weg, für immer abgereist, nach Asien, sagte sie noch. Es war mir nie so richtig klar, was sie überhaupt in Berlin zu tun hatte. Traurige Weihnachten waren das, diese Weihnachten.

Mein Gott, hat das weh getan.

Mit unserer Leidenschaft hatte ich etwas gewonnen, wovon ich lange zehren konnte. So glücklich wollte ich immer wieder sein.

Ein paar Monate zuvor, Mitte Oktober war es soweit: Willi wollte nach Hause.

In Hermagor bei Villach in Kärnten hatte Willi seine Gefangenschaft verbracht, als Koch und Chauffeur des englischen Stadtkommandanten Mr. Brown. Dort im Lager wurde unter den Hunderten von Kriegsgefangenen nach einem Koch gesucht. Mit der Frechheit des Berliners meldete sich Willi und behauptete ganz einfach, er sei Koch und niemals Mitglied der NSDAP gewesen. Er bekam den Job und wurde in einem Zimmer der Villa des Stadtkommandanten einquartiert.

In Willi muß eine schlummernde Begabung zum Ausbruch gekommen sein. Immer wieder wurde er – wie er später gerne erzählte – aufgefordert: »Willi, du macken diese Fleisch« – dabei drehten die Tommies die Finger zu einer Rolle zusammen und meinten Willis Pferderouladen. Zum Schlachten wurden ihm erstklassige Wehrmachtspferde zugeführt, die er in nächtlichen Blitzaktionen gegen alte ausgediente Gäule der Bauern austauschte. Und so sicherte er sich einen kleinen Wohlstand. Er war beliebt auf beiden Seiten, verfügte bald über erstklassige Zeugnisse.

Dann löste sich die Kommandantur auf, und Willi wurde mit den besten Empfehlungen des englischen

Majors nach Wunstorf bei Hannover entlassen. Direkt nach Berlin ging nicht – die Alliierten hatten ihre Gründe –, also erst mal nach Hannover zu den Eltern von Tochter Uschis Verlobtem, zur Familie Kochendörfer.

Da saß er nun, und ich machte mich auf, ihn über die grüne Grenze bei Duderstadt nach Berlin zu lotsen. »Warum eigentlich?« ging es mir dauernd durch den Kopf, als ich mich auf den mühsamen Weg Richtung Westen machte. Eigentlich war mein Vater doch längst aus unserem Leben verschwunden.

Ein flüchtiger Begrüßungskuß, eine schnelle Umarmung gelang mir gerade noch. Ich war vollkommen überrascht, einen so intakten Mann vorzufinden. Halbuniformiert aus englischen Armeebeständen – auch das Käppi fehlte nicht – saß er da mit seinem »Ich hab doch nichts gemacht«-Gesicht, unschuldig, aber auch hilflos.

Ich hatte Mitleid, und plötzlich kam sogar Freude auf. Ich mußte ihm viel erzählen, bis in die Nacht, wie das so war, und wie das so ist, in Berlin. Beim Einschlafen tauchte in meinem Kopf immer wieder Lea auf – eine ganz andere Welt, irgendwie paßte das alles nicht zusammen.

Eine noch nicht wieder in Betrieb genommene Eisenbahnstrecke östlich von Duderstadt mit dazugehörigem kleinen Bahnhof war unser Ziel. Hier verlief die sogenannte grüne Grenze. Die »Demarkationslinie« zwischen der englischen und der sowjetischen Besatzungszone in Deutschland war an dieser Stelle besonders durchlässig, trotzdem aber bewacht von östlicher Seite durch Vorläufer der Volkspolizei und der sowjetischen Militärpolizei. Man mußte gehörig aufpassen, um nicht erwischt zu werden, denn diese Leute raubten und plünderten dich aus, sie schossen sogar scharf auf die geplagten Menschen, ohne jegliche Begründung. Es konnte einem passieren, ein, zwei Tage in irgendeinem modrigen Keller eingesperrt zu werden.

Zwar gab es neuerdings sogenannte »Interzonenpässe«, aber deren Beantragung bedeutete eine langwierige Prozedur, war sehr teuer und wäre auch nur für mich in Frage gekommen, keineswegs für meinen Vater mit seiner Parteizugehörigkeit.

Willis Ausstaffierung machte mir Sorgen. Er sah aus wie ein Tommy auf der Flucht. Wir beide fielen auf unter den Grenzgängern, denn ich wiederum steckte zur Hälfte in US-Klamotten. Vater und Sohn auf der Flucht von West nach Ost.

Bei Einbruch der Dunkelheit erreichten wir das Bahnhofsgebäude. In dem kleinen Wartesaal hatten sich schon ein paar Leute eingefunden. Jeder suchte sich einen Platz am Boden, um noch ein paar Stunden zu schlafen, vorher fanden die Kontrollen in zu kurzen Abständen statt, und das Überschreiten der Grenze wäre jetzt unmöglich gewesen.

Gegen halb zwölf erschien ein Einheimischer – gut informiert über die Bewachungszeiten – und bot sich an, uns den Weg zu zeigen, ein Schlepper, der von jedem, der rüberwollte, ein paar Zigaretten kassierte.

Ich selber kannte mich schon ein bißchen aus in dem Gelände. Auf dem Hinweg und schon einmal vor Wochen mit Maria bin ich hier über die Grenze geschlichen. Das war noch im Sommer, und wir sind am Tage über die Felder nach Westen gewechselt. An einem Sonnentag nachmittags hatten wir die entscheidenden letzten hundert Meter geschafft, indem wir Pilzesammeln spielten. Ganz langsam mit den Augen den Boden absuchend, den Rucksack am Fuß befestigt hinter uns herziehend, konnten wir die Ferngläser der Grenzer täuschen. Denen fiel unser Spielchen erst auf, als wir schon drüben waren. Sie brüllten »Stehenbleiben, stoi« und »kommen Sie sofort zurück«. Zwei Gewehrsalven sausten an uns vorbei in den Acker. Die restlichen Meter robbten und flitzten wir in den Westen.

Im Bahnhof angekommen, bemerkte Maria so ganz nebenbei: »›Nie wieder Krieg‹, steht bei denen an jeder Ecke, aber die schießen schon wieder. Ich verstehe die Welt nicht mehr.« Auch mir kamen immer mehr Zweifel an dem politischen System da drüben.

Natürlich hatte ich Willi von diesem Abenteuer mit Maria erzählt, und so zögerte er. »Weißte, Junge, vielleicht sollten wir doch nicht hier rübergehen, der Kerl, der uns lotsen will, kommt mir auch nicht geheuer vor.« Nervös rauchte Willi eine an die andere. Gerade, als er wieder eine anstecken wollte, zischte der Kerl: »So, jetzt geht's los.« Wir waren inzwischen eine Gruppe von zwanzig Leuten. Es gab kein Zurück mehr. »Keiner redet von jetzt ab mehr ein Wort, ihr folgt mir auf leisen Sohlen, die haben jetzt Wachwechsel, uns bleiben zehn Minuten Zeit«, verkündete der Einheimische.

Es war ein sonderbar zusammengewürfelter Haufen Menschen, der sich fast lautlos in Bewegung setzte. Jeder hatte seinen Grund, diese Strapaze auf sich zu nehmen. Nachdem wir die Grenze erleichtert hinter uns gelassen hatten, sahen wir auf der höher gelegenen Landstraße zwei Fahrzeuge in Richtung Grenzstreifen zurückfahren, die mit beweglichen Scheinwerfern das von uns eben überwundene Gelände absuchten. Sicherheitshalber gingen wir alle in Deckung. Dicht aneinander lagen wir für Minuten auf dem kalten Ackerboden, ich spürte das Herz meines Vaters schlagen, es muß kurz vor dem Zerspringen gewesen sein. Er wäre am liebsten da liegengeblieben, mit dem Kopf im Sand. »Komm, komm, Papa«, flüsterte ich ihm zu, »wir haben es ja schon fast geschafft.«

Nach fünf Kilometern Fußmarsch erreichten wir den Bahnhof im Osten und fuhren morgens mit einem Güterzug weiter ostwärts nach Berlin. Verdreckt und durchgefroren kamen wir am Abend in der Leinestraße an. Maria und Willi waren sich so fremd geworden, daß sie erst mal nicht miteinander sprachen. Fast stumm verbrachten wir den Abend. Ich verließ dann die Wohnung, in der Hoffnung, Lea zu treffen. Mir war nicht mehr wohl zu Hause. Überflüssig geworden, wanderte ich durch das nächtliche Neukölln. Plötzlich fühlte ich meine Freiheit bedroht.

Inzwischen ist es Dezember geworden, und mein Vater blieb ein Fremdkörper in unserer Gemeinschaft. Es muß sehr schwer für ihn gewesen sein, mit der Vergangenheit umzugehen. Bei den englischen Besatzern in Berlin bekam er auf Grund der guten Empfehlungen vom Major Brown schnell eine Anstellung als Fahrer beim »Car service« am Fehrbelliner Platz. Hundert Meter weiter hatte sich damals, Ende der Zwanziger, Anfang der Dreißiger, sein SA-Sturmlokal und der Taxistand befunden, sein Leben in Hitlers »Kampfzeit«.

Was war daraus geworden – mußte er sich jetzt wohl immer wieder fragen. Sein Deutschland, sein Berlin in Schutt und Asche. »Führer befiehl, wir folgen Dir«, hatte er noch bis vor zwei Jahren kräftig mitgesungen. Er war jedem Befehl seines Götzen gefolgt.

Und jetzt fuhr er in englischen Diensten, halb englisch uniformiert, einen VW-Käfer mit englischem Kennzeichen, durch seine Heimatstadt, die ein gewaltiger Trümmerhaufen geworden war. Das war aus dem »Dritten Reich« geworden, an das er geglaubt hatte. In Kärnten waren es Pferde, die er austauschte, jetzt in Berlin tauschte er die Bereifung der englischen VWs aus: alte Reifen rauf und die Neuen runter, gegen Naturalien.

Das fiel allerdings schnell auf, und so wanderte er für vierzehn Tage in einen Knast in Wilmersdorf. Mit einer heißen Suppe besuchte ich ihn jede Woche zweimal. Kaum war er vorübergehend entlassen, nahm er einen Koffer und ging als Arbeiter ins Stahlwerk nach Quedlinburg.

Eines Abends, Maria muß beim Chiepluch gewesen sein, war wieder mal Stromsperre. Allein in der Wohnung, eine Kerze auf dem Küchentisch, machte ich Hausaufgaben für die Berufsschule. Da klopfte es, sehr verhalten, an der Wohnungstür. Mein Herz schlug vor Freude um das Zehnfache. Das könnte Lea sein, dachte ich, sie will mich vielleicht besuchen, hatte sie gestern noch gesagt.

Ganz vorsichtig, voller Vorfreude, öffnete ich die Tür, als die mir auch schon von einem gewaltigen Stoß befördert entgegenflog. Zwei Männer in Hut und Mantel stürzten herein. Einer hatte mich sofort im Griff, während der andere blitzartig mit einer großen Taschenlampe unsere Wohnung durchsuchte. »Sind Sie Wilhelm Lamprecht?« Der Kerl hielt mir einen Ausweis vor die Nase und sagte: »Secret Service.« »Nein, nein, bin ich nicht! Der Sohn Günter bin ich, und Wilhelm arbeitet in der Russischen Besatzungszone, in einem Stahlwerk, aber ich weiß nicht wo.« Dann fragten sie nach Willis Brüdern. Keine Ahnung, wo die sich jetzt aufhielten. Willi hatte bei den Engländern seine Mitgliedschaft in der NSDAP verschwiegen. »War Ihr Vater in der Partei?« fragten mich die Gentlemen. »Das weiß ich nicht so genau«, log ich und dachte an Onkel Walter und seine furchtbaren SD-Einsätze in Riga. Das war's dann.

Eine Stunde später klopfte es wieder zaghaft an der Tür. Ich wollte Lea alles erzählen, ich kam nicht dazu. Die Kerze war runtergebrannt. Wir kannten uns aber im Dunkeln gut aus.

Die langen Fahrten mit der S- und U-Bahn sind es, die mir Zeit zum Nachdenken lassen. Die Berufsschule ist am »Gesundbrunnen«, die Firma inzwischen nach Schöneberg umgezogen. Stundenlang fahre ich täglich quer durch Berlin. Einer der Fachlehrer muß im »Dritten Reich« ein As gewesen sein. Seine Augen glänzen, wenn er uns »jungen Marschierern, die immer noch die Eierschalen hinter den Ohren haben« – so nannte er die Schüler immer –, von seinem Soldatenleben in Frankreich oder Holland vorschwadronierte.

Heute durften wir für diesen Pauker wieder mal das Jungvolk abgeben. Unter dem Vorwand, Magenschmerzen zu haben, verließ ich den Unterricht. Jetzt sitze ich in der S-Bahn und ärgere mich über mich selbst. Warum haust du nicht auf den Tisch, sondern kneifst einfach nur? Aber, das war der Knacks, den ich mir bei Lehrer Hackert in der Volksschule eingehandelt hatte.

Eigentlich bin ich doch erwachsen, aber in der Firma und in der Berufsschule wird man behandelt wie ein dummer Junge. In den Köpfen der Heimgekehrten steckte noch das Denken der Nazizeit oder der davor, der Ära der Pickelhauben. Ich kann nicht einsehen, warum ich diesen Männern Achtung entgegenbringen sollte. Viele spielten sich schon wieder auf wie Helden, die hatten nichts begriffen.

Dieser ganze Krieg war eine große Scheiße, dachte ich, wenn ich meinen Blick über die Ruinenlandschaft aus dem S-Bahn-Fenster gleiten ließ. Krieg ist Scheiße! Ja, ja, ja! Aber immer wieder lobten sich die heimgekehrten Krieger mit ihren Orden und Verdienstkreuzen gegenseitig in den Heldenhimmel. Mensch, reißt doch die Augen auf, ihr Idioten, und seht, was ihr hier mitangerichtet habt. Zertrümmert, vernichtet eure Stadt, verkrüppelt, erschlagen, verbrannt, im Bombenhagel umgekommen – die Bewohner.

Das ist aus der Heimat geworden, ihr habt nicht aufgepaßt, ihr habt diesem geisteskranken Herrn Hitler und seinen Kumpanen den Eid geschworen, ihr habt ihm gern gedient. Immer wieder mußte ich weinen. Das war dann der kleine Jünta. Der Große wollte von nun an kämpfen für den Frieden, Frieden und soziale Gerechtigkeit. Das war nicht leicht, denn den Gestrigen begegnete ich jeden Tag, immer wieder. Wenn wir den Krieg gewonnen hätten, grübelte ich herum, wärst du mit denen klargekommen? Nein! Nein! Und nochmals Nein!

Diesen nationalen Größenwahn hättest du nie ertragen, nie den Verbrechen dieser Leute zugestimmt. Ich wäre sehr schnell in den Widerstand gegangen und dann an die Wand gestellt worden. So dachte ich jetzt.

Aber wir haben den Krieg nicht gewonnen, und jetzt mach was. Das ist eine Chance, der Neubeginn. Paß genau auf, wo es langgeht mit dem neuen Deutschland. Nie wieder Krieg! Nie wieder Militarismus!

Meine S-Bahn fährt weiter. In unserem Keller gibt es genug zu tun, Holzhacken zum Beispiel. Ich hacke und haue, daß die Späne nur so fliegen. Stundenlang.

1947: Der Nürnberger Prozess mit seinen Recherchen, Urteilen und Verfügungen hat viele Nazis ans Licht befördert. Aber wie viele bekam auch Willi »einen Persilschein«, wurde entnazifiziert. Sein Bruder Walter verbrachte zwar Monate im ehemaligen Konzentrationslager Dachau in amerikanischem Gewahrsam, aber auch der Mann kam irgendwie durch.

Heute treffen wir uns in meiner kleinen Kammer zum AFN-Hören. Mein Freund Conni sieht ziemlich verbeult aus: die Nase geschwollen, ein Auge halb geschlossen. »Guckt mich doch nicht so blöde an, ihr Knallköppe. Ich bin im Boxverein, da passiert so was schon mal.«

Die Neuköllner Sportsfreunde trainierten seit einigen Wochen wieder in einer Turnhalle. Da hatte der Arme sich aber zusätzlich zu unserem Training im Ruderclub was aufgeladen.

Peter war wie immer sehr zurückhaltend in der Diskussion, was den Boxsport betraf. Er fand, daß wir in unserem Ruderclub gut aufgehoben wären und uns nicht verplempern sollten. Dort ruderten wir einen Riemenvierer – Günter, Conni, Peter und Long –, es sah sehr vielversprechend aus, was wir da so machten.

Das Bootshaus wurde für uns ein richtiges Zuhause. Wir freuten uns an diesem Sport und waren dem Verein mit unserem Arbeitseifer auch ziemlich nützlich. Etliche Boote gab es zu reparieren und vieles andere auf die Reihe zu bringen. An den Wochenenden organisierten wir in dem notdürftig wiederhergestellten Clubraum hin und wieder ne Fete, jeder brachte was zu futtern mit. Ein richtiges Überraschungsspiel: Zunächst noch unter einem Küchenhandtuch verdeckt, stellte man seine Gaben auf den Tisch. Ein Koffergrammophon spielte die neueste Platte ab, bis einer von uns das Futtern für eröffnet erklärte und das Tuch gelüftet wurde. Da kamen dann solche Köstlichkeiten wie hartgekochte Eier, Kartoffelsalat, Brotscheiben mit fettem Speck belegt oder gar ein Napfkuchen zum Vorschein. Alkohol war unerschwinglich, aber eine Flasche »Alkolat« oder ein Dessertwein waren schon mal dabei.

Unsere Freundinnen fanden diese Feten auch sehr dufte, und wir tanzten meistens bis zur letzten S-Bahn, ohne Unterbrechung. Vom S-Bahnhof »Wannsee« über »Westkreuz« fuhren wir bis »Hermannstraße« zurück nach Neukölln. Und Sonntagmorgen wieder raus zum Training. Wunderbar war das, mit dem Boot durch das Wasser zu gleiten und das gleichmäßige Eintauchen der Ruderblätter als einziges Geräusch zu hören.

Eine friedliche Stille umfing uns, wenn wir mit mäßiger Schlagzahl die Seen durchfuhren: den kleinen Wannsee, den Pohle-, Stölpchen- bis hin zum Griebnitzsee. Da mußten wir wenden, denn da begann die »SB«, die Sowjetische Besatzungszone. Erholsam für Körper und Seele waren diese Fahrten. Ein Glück ist es zu leben, dachte ich immer wieder.

Doch die Widrigkeiten zu Hause hörten nicht auf. Willi, mein Vater, hatte inzwischen meine Hühner, mein Fahrrad und Uschis bißchen Schmuck für seine Glimmstengel verhökert.

Dann habe ich wieder eine feste Freundin: Angelika, etwas jünger als ich, erlernt gerade den Beruf der Putzmacherin. Sie wohnt in der Graefestraße in Kreuzberg, bei Mutter und Stiefvater. Überall fehlen die Väter, fällt mir auf. Meiner ist zwar wieder da, aber ich denke: Ihm ging es doch so gut in Kärnten, wär er bloß dageblieben. Völlig »führerlos« lebte er jetzt vor sich hin. Sinnlos, ohne Auftrag, keiner gab ihm Befehle, was er zu tun habe. Sehr still geworden, inzwischen beinahe fünfzig Jahre alt, trauerte er dem tausendjährigen Reich nach. Wenn das Geld reichte, mit Hilfe von Alkohol.

Ganz anders Angelikas Stiefvater, ein Werkstattmeister, der in einer bekannten Firma zur Herstellung von Elektrogeräten einer gesicherten Arbeit nachging. Angelika ist ein junges Mädchen, hübsch anzusehen, adrett und zielstrebig! Ich bin verknallt. Nach Leas Verschwinden Ende vergangenen Jahres tat ich mich sehr schwer mit einer neuen Liebe. Eine junge Frau aus Marzahn hatte ich noch kennengelernt, sehr liebevoll, sehr einsam, sie hatte den Verlobten im Kampf um Berlin verloren, sie war die personifizierte Traurigkeit.

Aber ich will wieder lachen können. Mit Angelika soll es unbeschwert, einfach schön werden, wünsche ich mir. Wir gehen viel ins Kino, ein Vergnügen, das gerade noch erschwinglich ist. Ansonsten war das Geld knapp in meiner Tasche, große Sprünge kann ich mir nicht leisten. Es ist auch üblich, den Kavalier zu spielen, der Mann zahlt, und damit basta. Einzugestehen, daß für das Wochenende ein Besuch im NW-Casino oder in einem anderen Tanzlokal aus Geldmangel nicht möglich ist, fällt mir sehr schwer.

Überhaupt, die Geldbeschaffung ist so ne Sache. Altmetall ist eine gute Quelle. Für Messing, Kupfer, Blei und Aluminium gab es immer ein paar Mark. Aber die Ruinen waren bald leer geräumt von Buntmetall wie Klinken, Scharniere, Rohre, Dachrinnen. Säckeweise gehacktes Holz verkauft sich gut. Die schönsten Möbel und Treppengeländer kamen unter die Säge.

Und immer wieder Kartoffeln und Gemüse zentnerweise aus der Mark Brandenburg hereingeschleppt in die Großstadt Berlin – das bringt die nötigen Vergnügungsgelder. Ich fühle mich stark, bin in der Lage, zwei Zentner auf dem Buckel zu transportieren, manchmal kilometerweit.

Für unsere Feten im Ruderclub verkaufte unser Freund Conni die Bibliothek seines Vaters, wunderschöne Lederbände. Eine Woche später setzten wir dann voller Gewissensbisse alles daran, die Bücher wieder zurückzukaufen. Vergebens.

Gott sei Dank war unsere Wohnung vor Willis Wiedererscheinen soweit eingerichtet, denn mit ihm zusammen wäre es nie möglich gewesen, das alles wieder auf die Beine zu stellen. Dauernd waren wir auf der Hut, von ihm nicht beklaut zu werden.

Eines Tages bekomme ich einen Wutanfall, schlage meinen Vater, das erste Mal habe ich mich vergessen. Voller Verzweiflung haue ich mit einem leeren Marmeladeneimer auf Willis Kopf. Wieder hat er uns beklaut, die Schwerstarbeit von Maria und mir verraten, uns ausgenutzt.

Es waren solche Kränkungen – monate-, jahrelang aufgestaut –, die da jetzt explodierten. Dann tat mir die Hilflosigkeit meines Vaters wieder leid, und ich schämte mich. Er hätte anderer Hilfe bedurft. Da stand das Kind vor dem angerichteten Dreck und weinte, weinte bitterlich, und ich konnte ihn nicht in die Arme nehmen und trösten. Tage später saß er auf der Hermannstraße und bettelte als Heimkehrer die Leute an.

Maria und ich sahen über alles hinweg. Wir leben weiter zusammen mit Willi und schuften, schuften für eine Zukunft. Aber wie soll die aussehen? Keine Ahnung im Moment, erst mal weiter.

Rinn in die S-Bahn, mit dem Bus quer durch Berlin, täglich. Bald biste fertig mit der Lehre, und dann wollen wir doch mal sehen, ob das Leben noch ne Überraschung für mich hat.

Conni schleppt mich mit zum Boxen. Schon beim Betreten der Trainingshalle schießen mir die Bilder von vor acht Jahren durch den Kopf: Adolf Heuser, der »B.C. Westen« und mein boxender Fähnleinführer. Der Geruch von Schweiß erfüllt auch hier den Raum, die Kommandos der Trainer, das gleichmäßige Surren der seilspringenden Sportler erzeugt eine bedrükkende Spannung in mir. Wie selbstverständlich, als hätte ich nie etwas anderes gemacht, stecke ich trotzdem eine Woche später im Trainingsprogramm der »Neuköllner Sportfreunde«.

Conni war mächtig irritiert, wie schnell ich mich da zurechtfand, und die Trainer bedankten sich bei ihm, so ein Talent dem Verein zugeführt zu haben. Mal Mittelgewicht, mal Halbschwer, das war mein Problem, ich schwankte mit den Kilos immer auf der Grenze rum. Ich wurde zum Lückenbüßer. Wenn ein Spitzenkämpfer meiner Gewichtsklasse absagte, war ich dran, mußte ich einspringen. Nicht gerne, eigentlich eher widerwillig gewann ich so einige Kämpfe.

Im Ruderclub machte mir das Training weit mehr Spaß, es litt aber unter dieser Doppelbelastung, und so wurde beides nichts Halbes und nichts Ganzes.

Angelika fand das Boxen auch nicht so gut; ich geriet in eine richtige Zwickmühle, und in der Lehre wurden höhere Anforderungen gestellt, der häusliche Frieden war immer wieder gefährdet.

Politisch war die Großwetterlage inzwischen ziemlich angespannt, denn die ehemaligen Waffenbrüder befeindeten sich jetzt, Ost und West drifteten immer weiter auseinander. Die Fusion von KPD und SPD zur SED lag bereits eine Weile zurück, aber die Sowjetische Besatzungszone wurde mir von Tag zu Tag unheimlicher.

Ich empfand die Bevölkerung drüben durch die Russen und ihre Handlanger als ausgesprochen unfrei gehalten. So hatte ich mir einen demokratischen Sozialismus nicht vorgestellt. Erinnerungen an die Nazizeit wurden wieder geweckt. Nur hinter vorgehaltener Hand trauten sich meine Verwandten im Osten, ihre Meinung zu äußern. Offenbar wandte die »Volkspolizei« bewährte Methoden der Gestapo an, und so ist es schon ein starkes Gefühl von Freiheit, was einen überkommt, wenn man aus dem Ostsektor in die Westsektoren zurückkehrt.

Für uns Berliner wurde die politische Entwicklung der Großmächte immer bedrohlicher, die Blockade Westberlins steht vor der Tür. Und das war Wasser auf die Mühlen der Revanchisten: Eine Nazipartei formierte sich neu aus alten Faschisten und gewann etliche Stimmen. Bloß nicht von diesem Osten einverleibt werden, das wäre der Rückfall in totalitäre Verhältnisse, in Unfreiheit und Knechtschaft. Solche Ängste kamen hoch und wurden von allen Seiten verschärft. Was ist, wenn Stalin Berlin vom Westen abtrennt? Kriegsgefahr hing in der Luft. Wie konnte hier Klarheit reinkommen?

Die »Währungsreform«, das neue Geld ist da, und ich traue meine Augen nicht!

Von einem Tag auf den anderen sind die Auslagen in den Schaufenstern prall gefüllt mit allem, was das Herz und der Bauch begehrt, das Schlaraffenland ist ausgebrochen. In einem Laden in der Pohlstraße gibt es doch tatsächlich Bücklinge! Ich kaufe mir einen ganz großen für die Mittagspause.

Voller Wonne verschlinge ich den Fisch, so daß nur noch die Gräten übrigbleiben und mir das Fett nur so die Backen runterläuft. Jeder hat sich heute eine Delikatesse geleistet, die vorgeschriebene Pausenzeit wird weit überschritten, ein richtiges Festessen war das in der Werkstatt.

Aber die vierzig Mark Kopfgeld waren schnell ausgegeben, wenn man nicht aufpaßte. Ein Kaufrausch riß nicht nur uns in die Ratenzahlungen.

Schon nach wenigen Tagen beginnt die Blockade Westberlins, die große Freude bekommt einen Dämpfer. Doch das ist auch der Anfang der Luftbrücke.

Noch ein Jahr habe ich bis zur Gesellenprüfung, die Anforderungen an mein Können werden immer größer. Sehnsüchtig denke ich oft an Börnicke, an das wohltuende Havelland, an die Zeit, als ich noch Kind war und dort Schutz fand vor den Widrigkeiten des Familienlebens in Berlin.

Seit Opa Chiepluchs Tod sind jetzt schon wieder Monate vergangen, und niemand wartete mit dem großen Topf Bohnensuppe und dem gemachten Feldbett da draußen auf mich. Opa und Börnicke gibt es nicht mehr, nur noch sein Grab in Nauen.

Meine Vorfreude auf das Wochenende wurde immer stärker. In der Firma arbeiten wir auch samstags bis Mittag. Eine lange arbeitsreiche Woche liegt hinter mir, es ist ein wunderbares Gefühl, die Werkstatt-Tür um zwölf hinter mir abzuschließen. Richtig beschwingt laufe ich nach Hause.

Und was man sich alles vornimmt für die eineinhalb freien Tage. Und die Freude, die Wünsche, sie überschlagen sich. Du freust dich auf deine Freunde, auf die Natur, auf die Liebe, daß du gesund bist ...

Nur nicht die Hoffnung aufgeben, alles wird gut, alles wird besser werden. Energien werden frei, doppelt und dreifach!

Die Luftbrücke geht genau über unsere Köpfe hinweg, ein regelmäßiges Brumm-Konzert der Rosinenbomber, ohrenbetäubend, denn die Maschinen fliegen in höchstens zwanzig Metern Abstand über den Dächern auf die Landebahn zu. Wir, die wir am oberen Ende der Leinestraße wohnen, sind am heftigsten von diesem Lärm betroffen. Das geht jetzt schon über zwei Monate, und keiner weiß, wie lange das noch dauern soll.

Stalin hält die Westsektoren der Stadt fest umklammert, die Bevölkerung ist seine Geisel. Wut und Abscheu richten sich verstärkt gegen die russischen Belagerer, wir sind Insulaner geworden. Die Berliner haben einen Durchhaltesong auf den Lippen: »Der Insulaner verliert die Ruhe nicht, der Insulaner liebt keen Getue nicht, der Insulaner hofft unbeirrt, daß seine Insel wieder schönes Festland wird.«

Zu Hause war noch einiges zu helfen, aber dann kam endlich die langersehnte Freizeit. Die freie Zeit wird zum kostbarsten Besitz. Was die Zeit anbetrifft, werde ich immer geiziger, nur nicht die Zeit verplempern.

»Sei dir bewußt, du lebst nur einmal«, hatte Meister Potenberg zu mir gesagt. »Alles, was du bewußt erlebst, gehört dir auf ewig.« Einige solcher Sätze des Meisters habe ich mir zu Herzen genommen und erst später, viel später richtig begriffen.

Heute abend wieder ins Kino: »Du warst nie berükkender«, mit Fred Astaire. Danach gehe ich nicht mehr, ich tanze, laufe rhythmisch durch Neuköllns nächtliche Straßen. So steppen können, das wär's, ich spürte jedem Takt der Musik nach, für Stunden war ich Fred Astaire. Noch Sonntagmorgen zum S-Bahnhof kam ich angetänzelt. Conni meinte: »Jünta spinnt mal wieder, is auf dem Hollywoodtrip. Immer, wenn der im Kintop war, brennen bei dem die Sicherungen durch.«

Die handwerklichen Qualitäten von uns Jungs aus Neukölln sind im Ruderclub »Astoria« immer wieder gefragt, und so beginnt der Sonntag mit den unterschiedlichsten Arbeiten: schleifen, lackieren, Reparaturen an den Booten. Auch auf dem Gelände gab's genug zu tun, obwohl die Kriegsschäden hier am »kleinen Wannsee« nicht so schlimm waren wie drinnen in der Stadt.

Gegen Mittag ließen wir unseren Vierer zu Wasser. Ein kleiner Steuermann, Gertchen, dreizehn Jahre alt, wartete schon ungeduldig auf uns. Die Trainingsfahrt soll über den »großen Wannsee«, am »großen Fenster«, an Gatow vorbeigehen. Der »Stölpchen«-See ist heute das Ziel.

Ein wunderbares Wetter begleitet uns, die Stimmung an Bord ist gut. Immer wieder genießen wir die Ruhe auf dem Wasser, eine Erholungsreise für die »Luftbrücke«-geschädigten Ohren: Die Luftbrücke, das war weit weg, zu Hause, in Neukölln, in Tempelhof.

Gatow taucht backbord vor uns auf. Einige Bootsfahrer winken und rufen uns aufgeregt zu, winken mit Tüchern, fuchteln mit den Armen vom Ufer herüber. Wir verstehen diese Signale als Anfeuerung für unsere Fahrt. Von allen Seiten gibt man uns Zeichen, bei uns im Boot wird das mit Freude registriert. Da sehe ich von meinem Sitz als Schlagmann über Gertchens Kopf hinweg am Himmel etwas auf uns zufliegen.

Mit gebremster Geschwindigkeit befindet sich die »Sunderland«, ein riesiges Wasserflugzeug der RAF – Royal Air Force –, im Landeanflug, direkt auf unser Boot zu, wir ruderten genau in dessen Landebahn, hatten die Absperrung übersehen! Die Maschine kann nicht mehr ausweichen, gewaltige, riesige Ausmaße annehmend, schwebte die »Sunderland« auf uns zu.

Ich brülle Gertchen an: »Zieh nach Steuerbord, dem Ufer zu. Raus, nichts wie raus aus der Bahn.« Unsere Schlagzahl wird olympiareif. Schwer zu schätzen, wieviele Meter uns von dem ins Wasser klatschenden Koloß noch trennen, um Haaresbreite entkommen wir dem Tod. Erschöpft lagen wir danach über die Ruder gesunken, dampften aus allen Poren. Die Luftbrücke war überall. Still klang der Sonntag im Clubhaus aus, Gertchen, unser »Kielschwein«, mußte getröstet werden.

Der Brief vom Vorstand des Ruderclubs beunruhigte mich: »Lieber Herr Lamprecht, ich erwarte Sie zu einer Aussprache in meinem Büro Potsdamer Straße. Diese Woche noch, es ist dringend.«

Nichts Gutes ahnend, betrat ich spätnachmittags das Büro des Herrn Doktor: halb Versicherungsbüro, halb Anwaltskanzlei. Das Herrenzimmer aus Leder und Eiche hatte den Krieg überstanden, dunkel war es da drinnen, und die Luft war verbraucht vom Zigarrenqualm. Übertrieben zuvorkommend begrüßte mich der Vorstand.

»Ich komme gleich zur Sache, Herr Lamprecht, die Zeit ist knapp, denn Sie wissen ja: Time is money«, fügte er laut lachend hinzu. »Es geht um die Neugestaltung des Clubs, nein, also hauptsächlich darum, das Ansehen unseres Vereins vor Ausbruch des Krieges wiederherzustellen, nämlich ein Club für Akademiker, in dem eben nur solche Aufnahme finden. So muß ich Sie, lieber Herr Lamprecht, und Ihre drei Freunde bitten, unser Vereinsgelände in Zukunft nicht mehr aufzusuchen. Natürlich bedanke ich mich für den von Ihnen in den letzten Jahren erbrachten Einsatz im Namen des gesamten Vorstands und gehe davon aus, daß Sie Verständnis für unsere Neuordnung aufbringen. Wünsche Ihnen und Ihren Freunden alles Gute.«

Jetzt hätte er nur noch die Tür zu öffnen brauchen und mich mit einer großen Geste hinausbefördern können. Für den war die Sache erledigt. Ich saß da und versteinerte. Wie sage ich das den Kumpels, schoß es mir durch den Kopf, und: Wie komme ich hier artig wieder raus? Was macht man mit so einem Menschen, brodelte es in mir. Der Dachdeckermeister damals hatte wenigstens noch die Hand gegen mich erhoben, da konnte ich zurückschlagen. Aber bei dem hier?

Mir fehlten die Waffen für so einen Kampf. Ganz langsam, gefährlich langsam, Schritt für Schritt, verließ ich dieses Herrenzimmer und sagte leise, kaum hörbar: »Zu Befehl, Herr Doktor. Heil Hitler, Herr Fromme«, denn der und seine Zeit überkamen mich. Mit geschlossenen Augen verharrte ich einige Minuten auf dem Treppenabsatz.

Als wir am Wochenende unsere paar Sachen aus dem Clubhaus holten, brauchten wir einen Schutzengel für unsere Würde.

Es war mitten in der Woche, ein anstrengender Arbeitstag in den orthopädischen Werkstätten im Albrecht-Achilles-Krankenhaus lag hinter mir, als Willi, der gleich einem König in der Küche thronte, mir den bunten Luftpostbrief mit Understatement über den Tisch schob.

Für ihn schien ein neues Zeitalter angebrochen zu sein: Hans Kämpfer, der Sportsfreund aus den Zwanzigern, der die Couch im Wohnzimmer durchgelegen und unserer Familie durch doppelte Portionen die Haare vom Kopf gefressen hatte, Hans Kämpfer, der spätere zigfache Weltmeister im »Catch-as-catch-can«, der zigfache Millionär hat diesen bunten Brief aus Amerika geschrieben. Er kommt nach Berlin!

Am Zoo war ein Zeltbau installiert, in dem die Catcher ihre Meisterschaften austrugen, eine Volksbelustigung ersten Ranges. Unser Freund aus den USA wollte sich da den goldenen Gürtel von Berlin erkämpfen. Schon nächste Woche beginne das Turnier, schrieb er, und er freue sich auf ein Wiedersehen. Ehrlich gesagt, auch ich freute mich, besonders aber für Willi, der mit Gelegenheitsarbeiten freudlos geduckt durchs Leben schlich.

Ich schöpfte Hoffnung für Vatern, war gespannt und neugierig auf diesen Riesen, der damals ausgezogen war, die Welt das Fürchten zu lehren. Willis und Marias Erzählungen über diesen Stier aus Sachsen füllten erneut meine Ohren.

Ein Treffen in der Kneipe von Franz Diener in der Grolmannstraße war vereinbart, die Begegnung mit einem reichen Mann aus Amerika. »Mein Freund und Kupferstecher« nannte Willi ihn.

Ich kam direkt vom Lehniner Platz über den Kudamm runter, in die Grolmannstraße. Es war noch angenehm warm, der Sommer wollte nicht enden.

Pünktlich um halb sechs betrat ich Franz Dieners Kneipe. Bis dahin hatte ich von dem Lokal noch nie etwas gehört. Eine richtige Boxerkneipe mit dem Charme der Zwanziger. Willi war schon da. Er saß mit einem kleinen Herrn – im Nadelstreifen, sehr gepflegt aussehend – im hinteren Bereich der Gaststätte und strahlte mir entgegen. Aber dieser Herr, der konnte doch der Champ nicht sein, denn den kennste doch zur Genüge von Fotografien. »Das ist Ernst Koch«, sagte Willi, nicht ohne eine Portion Ehrfurcht, »auch ein Freund von Hans Kämpfer aus alten Zeiten«, und damit meinte er die »Tollen Zwanziger«. Angenehm zurückhaltend reichte mir Herr Koch die Hand. Sympathisch, fand ich, und Willi lieferte sofort die Biographie dieses Mannes, was dem wiederum sehr peinlich war. Und so erfuhr ich, daß Ernst Koch nach dem Ersten Weltkrieg das Boxen aus England nach Deutschland gebracht, selbst verschiedene Meisterschaften errungen hatte und als Trainer und Ringrichter berühmt geworden war.

Von meiner lächerlichen Laufbahn als Amateurboxer mußte mein Vater auch noch erzählen, was mir äußerst unangenehm war. Aber Gott sei Dank kam er nicht weit, denn Hans Kämpfer betrat den Raum: Ein Bankdirektor im grauen Flanell könnte der sein. Komisch, ich hatte ein ganz anderes Bild im Kopf. Aber, na klar, es gibt ja auch Amis in Zivil.

»Oh, das ist fein, ihr seid schon da«, sagte Kämpfer höflich. Irgendwie wirkte der Mann betroffen. Umarmungen fielen aus, es genügte ein kräftiges Händeschütteln. Verlegenheitspause. »Ich habe gerade erfahren, daß mein Sohn in Korea vermißt ist«, stammelte er. Dieser Krieg in Asien war so weit weg, wir hatten ihn gar nicht wahrgenommen. Jetzt bei Diener in der Kneipe wurden wir daran erinnert, daß es mit dem Frieden eher Glückssache ist und die Parole »Nie wieder Krieg« am anderen Ende der Welt noch nicht angekommen war.

Ein trauriges Treffen war das. Im Lauf der nächsten Woche holte Hans Kämpfer sich den »goldenen Gürtel von Berlin« mit Bravour. Wir hatten Ringplätze bekommen, und ich konnte mit ansehen, wie die Wut über sein Schicksal im Kampf zum Ausbruch gelangte, wie sie explodierte. Kämpfer tobte da oben, gewann jede Runde.

Bei seinem Abschied mußte ihm Ernst Koch versprechen, aus Willis Sohn Günter auch einen Weltmeister zu machen, »denn der Junge hat das Zeug dazu«. Spätestens in drei Jahren wollte er mich in seiner Heimatstadt New York im Madison Square Garden im Ring um die Meisterschaft kämpfen sehen.

Herr Koch nahm mich in die Mangel. Es wurde eine harte, entbehrungsreiche Zeit. »Olympia-Schule« nannte sich das Trainingscamp in der Wilmersdorfer Straße in Charlottenburg, da ging ich nun monatelang ein und aus.

Die Trainingsräume befanden sich in der zweiten Etage eines Fabrikgebäudes. Schon wenn ich über den Hof ging, konnte ich von da oben die Trainingsgeräusche hören, besonders wenn das Wetter schön war und die Fenster offenstanden. Das heftige Schnaufen durch die Nase, das kurze Auftreffen der Schläge auf Sandsack und Birne, die fleißige Geschäftigkeit, die bestimmenden Kommandos der Trainer, für mich vertraute Laute. Immer wieder fiel mir meine Begegnung als Steppke mit dem legendären Adolf Heuser ein. Und jetzt war ich selber auf dem Weg, ein Boxer zu werden?

Ernst Koch begann behutsam mit dem Programm und war sehr zufrieden mit meinem Können und meiner physischen Verfassung. Willi ließ es sich nicht nehmen, täglich meine Fortschritte zu beobachten. Ansonsten verlief alles sehr eintönig, beinahe stupide. Beide Männer – Koch und Willi, jeder auf seine Art – brachten mich mit ihrer Erwartungshaltung in einen Dauerstreß. So groß war meine Begeisterung für den neuen Beruf denn doch nicht. Je mehr die mir abforderten, um so mehr zog ich mich zurück.

Jeden Morgen eine halbe Stunde Laufen vor dem Frühstück, dann der Trunk Ochsenblut, zwei Steaks. Dann acht Stunden Arbeit in den Orthopädischen Werkstätten, danach drei Stunden ins Training. Beim

Seilspringen brach ich mir den rechten Mittelfußknochen, durfte für ein paar Tage im Bett bleiben, eine Wohltat. Da muß ich schon die Notbremse gezogen haben.

Ich bewunderte, mit wieviel Freude der gleichzeitig mit mir trainierende Bubi Scholz sein Training durchzog. Vielleicht brauchte der nichts anderes zu tun als zu boxen. Oder war sein Trainer, Herr Taubeneck, vermögend?

Mir fehlte der Spaß an der Sache, das wurde immer klarer.

Koch gab sich wirklich Mühe: Nach jedem Training verpaßte er mir persönlich eine Vollmassage mit Kampferöl, dann stank ich aus allen Poren. Und sonntags bei Kochs zu Kaffee und Kuchen! Für Günter wurde ein Extrablech Streuselkuchen gebacken, den ich auch ohne Anstrengung auffutterte. Mir wurde diese Fürsorge peinlich und unangenehm, permanent stand ich unter Kontrolle.

Im Sparring schlug ich meine Wut in die Partner rein.

Eines Tages kamen ein paar schwarze Boxer aus den USA zu uns, trainierten, bereiteten sich auf ihre Kämpfe in Deutschland vor: Ken Stribling, Tiger Jones, Al Housmann und wie sie alle hießen. Jazzmusik begleitete ihr Trainingsprogramm, die Jungens tanzten mehr als sie boxten, ein wahrer Genuß, denen zuzuschauen. So fing es auch wieder an, mir Freude zu machen.

Nach einem halben Jahr fand Koch, daß es langsam Zeit wäre, den ersten Kampf anzupeilen. Es sei zwar noch ne Weile hin, aber wir sollten schon mal einen Termin in der Hals-Nasen-Ohren-Klinik in Britz machen, um das Nasenbein prophylaktisch zu entfernen, denn das wäre für spätere, wichtige Kämpfe nur hinderlich, könnte ein Handicap werden. »Also raus damit, Günter, ist keine große Sache, Augen zu und durch.«

Nach einer schlaflosen Nacht, einem Morgen ohne Jogging, ohne Steaks und ohne Trunk, einer völlig unkonzentrierten Arbeit im Krankenhaus zog ich mich gar nicht erst aus, als ich in der »Olympiaschule« ankam. Augen zu und durch: »Herr Koch, ich bin fertig, ich höre auf, ich kann nicht mehr, ich will auch nicht nach Britz, danke für alles, was sie für mich getan haben, aber, ich kann diesen Weg nicht weitergehen, das ist nicht mein Weg.«

Jetzt war es raus, und ich sackte zusammen. Wie ein Häufchen Unglück saß ich auf dem Hocker, und es war wieder an der Zeit, die Tränen fließen zu lassen.

Wortlos nahm Ernst Koch seinen Hut und ging.

Ich stand in der Straßenbahn, sie fuhr die Kant-Straße runter zum Zoo. Eingepfercht zwischen den Menschen, erkannte ich draußen im Strom der Passanten ein Gesicht, versteinert, darin war eine Welt zusammengebrochen. Meine Augen wollten ihn nicht loslassen, den Ernst Koch da draußen, der sich mechanisch seinen Weg durch die Masse bahnte.

Es tut mir leid, es tut mir so leid, sagte ich still vor mich hin.

IMMER HÄUFIGER TAUCHE ich im Jazzkeller »Badewanne« in der Nürnberger Straße auf. Mit mir stimmt es wieder nicht, ich bin mal wieder auf der Flucht. In meinem Umfeld ist es mir zu eng geworden, in jeder Hinsicht: das Wohnen mit den Eltern und der Berufsalltag, und diese kleinkarierten Lebensbedingungen überhaupt! Eine Zwei-Zimmer-Wohnung in Wilmersdorf in der Wiesbadener Straße, im Wohnzimmer – ein Durchgangszimmer –, da habe ich meine Schlafstelle.

Willi und Maria kämpfen täglich weiter ihren blöden Existenzkampf. Unruhig auf der Suche nach einem anderen Leben, bin ich ständig unterwegs, suche Kontakte, dringe vorsichtig in andere, für mich neue, unbekannte Kreise ein. Am liebsten würde ich jetzt alles Bisherige ganz hinter mir lassen.

Mein trauriger Abgang vom Boxsport saß mir noch in den Knochen. Die Entscheidung, mit diesem Sport aufzuhören, hatte ich ganz alleine getroffen. Da war niemand, der mir mit Verständnis für eine vernünftige Aussprache zur Verfügung stand. Willi, mein Vater, tief beleidigt, weil ich mir nicht für seine Interessen die Fresse polieren ließ, nicht den von ihm erhofften Wohlstand herbeikloppte, Angelika und Anhang, die nur voller Abscheu mein tägliches Training kommentiert hatten.

Für alle hatte ich doch den ordentlichen Beruf »Orthopädiemechaniker« erlernt und damit basta, Schluß aus, rinn ins kleinbürgerliche Familienleben, und das soll's dann gewesen sein, im Schrebergarten den Lottoschein ausfüllen und auf Montag warten.

Die tragische Seite meiner Kapitulation vor dem Boxsport, die mich tief beschämende Enttäuschung meines Trainers Ernst Koch konnte keiner nachempfinden. Dieser Mensch hatte mir viel bedeutet.

Ja, ich befand mich im Aufbruch, isolierte mich mehr und mehr von allem bisher Vertrauten. Einsam latschte ich nachts durchs westliche Berlin. Es trieb mich in den Jazzkeller »Badewanne«, zu Hannes Rediske, Manfred Behrend, Joe Glaser und zu ihrer Musik.

Die »Wanne« wurde für mich zur Fluchtstätte und für Berlin der Solarplexus der Jazzszene: Anfang der Woche Jam Sessions, mittwochs Boogie-Woogie-Meisterschaften. Von Oscar Peterson über Lionel Hampton bis Louis Armstrong, viele der ganz großen Jazzer, die ich dort erlebte, gaben mir die Impulse, jetzt endlich selber etwas Neues zu wagen.

In einer dieser dunstigen, trunkenen Nächte an der Bar redete man mit dem oder dem, mit nem Musiker oder Schauspieler, auf jeden Fall mit Leuten, die dufte in Bewegung waren – Individuen – im Kopf und in den Beinen. Gerd Günter Hoffmann gehörte dort zum »Inventar«, war Schauspieler und einer, der mir zuhörte.

Der sprach nach ein paar Tagen des Zuhörens etwas aus, was mich erschrecken ließ: »Hör mal, Junge, du mußt Schauspieler werden, glaub mir, das ist das Richtige für dich.« Immer wenn ich aus dem Kino kam, hatte ich das ja auch gedacht, nur nie ausgesprochen. In meiner Jackettasche fand ich am nächsten Morgen eine Visitenkarte. Gerd Günter hatte sie mir noch zugesteckt, bevor ich stark schwankend die »Wanne« verließ. »Else Bongers anrufen«, sagte er noch, und: »Ich melde dich da an.« Da hatte ich nun die Telefonnummer von der bedeutendsten Schauspiellehrerin Berlins auf dem Frühstückstisch liegen, ich sollte mich da melden.

Jetzt wurde es doch aufregend, mein Herz klopfte wie verrückt. Rufste an? Rufste nicht an? Und ich rief tatsächlich an.

»Hier Lamprecht. Herr Hoffmann wollte mich bei Ihnen anmelden, und ...« Da unterbrach sie mich bereits: »Ja, ja, ich weiß, wann können Sie kommen?« Sie klang sehr bestimmt. Ich könne nur nachmittags, stammelte ich. Heute oder morgen? »Also gut, morgen um siebzehn Uhr, Sie wissen, wo die Barbarossastraße ist?« »Ja, ja, in Schöneberg, ick kenn die Gegend.« Das war's dann schon. Vor lauter Aufregung fiel der Schlaf in der Nacht auf »morgen« aus.

Mit meiner ollen Aktentasche unterm Arm fuhr ich direkt von der Werkstatt zum Nollendorfplatz, lief durch die Motzstraße, bog in die Eisenacher links ein und stand Ecke Barbarossaplatz pünktlich vor dem Haus, bekam Zweifel, wollte auf der zweiten Etage wieder umkehren. Jünta, Jünta, wird das nicht alles ne

Schuhnummer zu groß für dich? Nee, nee, du hast es dem Hoffmann versprochen.

Noch eine Treppe höher, reiß dich zusammen. Nun klingel doch endlich, befahl ich mir. Schon einige Minuten stand ich vor der Tür, als die sich plötzlich öffnete, Hildegard Knef die Wohnung munter summend verließ und an mir vorbeizischte. Gerade wollte Frau Bongers die Wohnungstür schließen, als sie mich noch draußen entdeckte. »Herr Lamprecht?« »Ja, ich wollte den Moment läuten ...« »Kommen Sie rein.« Und bums war ich drin. Das Ablegen meiner alten Joppe verzögerte ich etwas, wollte Zeit gewinnen.

In dem geräumigen Zimmer, das durch eine Schiebetür geteilt war, nahm ich dann Platz. Ich wurde ruhiger, und nach einer wohltuenden Pause fragte sie: »Was haben Sie denn mitgebracht, was wollen Sie denn vorsprechen?« »Wieso vorsprechen, ich bin doch da«, antwortete ich verdutzt. Es verschlug ihr die Sprache, stumm verließ sie den Raum, rief im Flur nach Karl, kam zurück, gefolgt von dem Schauspieler Karl John, und stellte mich vor mit der Bemerkung: »Gerd Günter hat mir Herrn Lamprecht empfohlen, und der weiß nicht, was Vorsprechen heißt!«

Nur mit Mühe unterdrückten die beiden das Lachen. Sie beäugten mich so, wie man ein seltenes Tier bewundert. Else Bongers wollte jetzt mehr von mir erfahren, und so erzählte ich meine kurze, aber bewegte Lebensgeschichte im Telegrammstil. Aufmerksam hörte mir die Bongers zu. John war bald weg, denn der spielte am Kudamm Theater. Ein Reclamheft drückte sie mir in die Hand, »Der zerbrochene Krug«. Die Rolle des Ruprecht darin hatte sie schnell zusammengestrichen, immerhin noch einige Seiten.

»So, lieber Herr Lamprecht, das lernen Sie auswendig, rufen mich an, und dann machen wir einen Termin zum Vorsprechen. Konnten Sie ja nicht wissen, wie so was abläuft.« Schon nach einer Woche klingelte bei Frau Bongers das Telefon, Günter Lamprecht wollte vorsprechen.

Sie nahm einfach kein Geld für den Unterricht, obwohl ich doch vier Monate bei ihr lernen konnte. Wir hatten viel Spaß am Entstehen wunderbarer Figuren, »Prinz von Homburg«, der Melchtal in »Wilhelm Tell«, und besagter Ruprecht. Else Bongers, eine großartige Frau, eine starke Persönlichkeit, sozial engagiert, manche sagten auch »eine Salonkommunistin«.

»Günter, der Einzelunterricht bei mir bringt Sie nicht mehr weiter, Sie müssen jetzt unter Gleichgesinnte, am besten gehen Sie auf eine Schauspielschule.«

Zwei Termine zur Eignungsprüfung bekam ich: vor dem paritätischen Prüfungsausschuß der Bühnengewerkschaft und schließlich in der »Max Reinhardt«-Schule im Grunewald.

1953 überschlagen sich die Ereignisse, nicht nur in meinem eigenen Leben.

Die Angst vor einem neuen Krieg geht um. Der Flüchtlingsstrom aus der DDR erreicht einen Höhepunkt, Westberlin platzt aus seinen Nähten, wenn das so weitergeht.

In Ost-Berlin treten die Bauarbeiter aus Protest gegen die Erhöhung der Arbeitsnormen in den Streik. Protestdemonstrationen der Arbeiter und anderer Menschen mit Zivilcourage führen in der ganzen DDR zu einem Volksaufstand. Dieser verzweifelte Widerstand gegen das SED-Regime kann nur durch das bewaffnete Eingreifen und unter blutigen Verlusten der Zivilbevölkerung niedergeschlagen werden.

Es ist der 17. Juni. Nichts hält mich mehr in meiner Werkstatt, ich muß zum Potsdamer Platz und sehen, was da los ist. Da stehen sie wieder, die T34-Panzer der Russen, wieder in der Leipziger Straße, wie vor acht Jahren! Damals als Befreier, heute als Unterdrükker. Und das Volk drüben, ausgebeutet, verfolgt und eingeschüchtert. Empört, aber machtlos stehen wir auf der Westseite, müssen erleben, wie Menschen verwundet, getötet werden. Einige Mutige bewerfen die Panzer mit Steinen. Völlig deprimiert fahre ich nach Hause und hoffe, daß die Westmächte eingreifen. Doch nein, nein, bloß das nicht, das würde Krieg bedeuten.

Jetzt wird Walter Ulbricht zum Chef seiner »demokratischen« Republik erkoren, der große Bruder hat den »Arbeiter- und Bauernstaat« im letzten Moment errettet.

Die Sowjets zünden irgendwo in der Steppe ihre erste Wasserstoffbombe. Und wir hatten gehofft, nach Beendigung der Blockade würde es Ruhe geben. Weit gefehlt. In Westberlin saß man immer auf einem Pulverfaß.

In meinem Leben zeichnet sich eine Wende ab, ich stelle jetzt meine Weichen selbst. Die Eignungsprüfung bei der GDBA verlief für mich ähnlich wie der Rausschmiß aus dem Ruderclub. Blasiert verkündete der Leiter der Prüfungskommission, daß ich unter Vorbehalt bestanden hätte, sprechen lernen sollte, um dann die ganze Prozedur im nächsten Jahr zu wiederholen. »Das wird zu spät für mich, ich bin schon dreiundzwanzig«, konnte ich noch anbringen. Ohne Antwort auf meine Bemerkung, ungerührt und humorlos, wurde ich von der Bühne gewiesen. »Der Nächste bitte.« Wut überkam mich, dieses arrogante Ignorantentum, es kotzte mich an. Da saßen sie im Parkett auf hohem Roß, eingebildet, verbreiteten Angst und Schrecken.

Und ich dachte, der Beruf Schauspieler hat was mit Menschen zu tun.

Mein Ruprecht, aus dem »zerbrochenen Krug«, der glaubte, was er sagte, seine Argumente wurden meine, überzeugten auch im Berliner Dialekt. So hatte es Else Bongers gesehen, und so fühlte ich es auch.

»Günter, sei offen und neugierig auf alles, jeder Geschichte, jedem Menschen gegenüber. Hör zu und gucke genau hin. Diene dem Dichter mit deiner Kunst, und vergiß nicht das soziale Gefühl für deine Arbeit.« Das gab mir die Bongers mit auf den Weg. »Du übernimmst eine große Verantwortung mit diesem Beruf.«

Ich entdecke die Buchläden für mich und beginne, die Bücher zu fressen, mein Nachholbedarf kennt keine Grenzen. In meiner Familie werde ich für verrückt erklärt, verspottet, ich mache mich rundum lächerlich.

Heute ist die Aufnahmeprüfung an der Max-Reinhardt-Schule.

Mein Drahtesel klappert durch die stillen Straßen im Grunewald der Richard-Strauß-Straße entgegen. Immer wieder zitiere ich meinen Kleist, mit jedem Tritt in die Pedale: »Nun denn, auf deiner Kugel, Ungeheures ... roll heran, ... heut Kind der Götter, such ich Flüchtiges.«

Jünta, der immer noch große Junge aus Neukölln, ist angekommen, sitzt im Warteraum unter anderen Prüflingen und ist überzeugt, hier richtig zu sein. Ich habe meine Beweise im Kopf, im Herzen und im Bauch mitgebracht.

Ein Gremium von dreißig Lehrern nimmt die Prüfung ab: »Guten Tag, Herr Lamprecht, was wollen Sie uns denn Schönes vorsprechen?« Mein Ruprecht verursachte große Heiterkeit, mein Prinz von Homburg tiefes Ergriffensein.

»Sie haben doch den ordentlichen Beruf des Orthopädiemechanikers, warum wollen Sie Schauspieler werden?«

Mir rutschte nichts anderes raus als: »Ick will ma vabessern.«

Ich bekam ein Stipendium an der Max-Reinhardt-Schule und fing noch mal ganz von vorne an.